机车乘务员培训系列教材

通用操作技能必知必会

（新职学员）

《机车乘务员培训系列教材》编委会　编

中国铁道出版社有限公司

2025年·北京

内容简介

《通用操作技能必知必会(新职学员)》是“机车乘务员培训系列教材”之一,全书共分七章,第一章为LKJ监控装置操作,第二章为CIR、LBJ与G网操作,第三章为列尾控制盒操作,第四章为运统-1操作,第五章为轴温报警装置,第六章为机车6A系统的功能及使用,第七章为副司机实作鉴定。

本书可供新职学员岗前培训,也可作为机车乘务员业务学习参考用书。

图书在版编目(CIP)数据

通用操作技能必知必会. 新职学员 /《机车乘务员培训系列教材》编委会编. -- 北京 : 中国铁道出版社有限公司, 2025. 6. -- (机车乘务员培训系列教材).

ISBN 978-7-113-31661-7

Ⅰ. U268

中国国家版本馆CIP数据核字第2024YP5486号

书　　名: 通用操作技能必知必会(新职学员)

作　　者:《机车乘务员培训系列教材》编委会

责任编辑: 王晓阳　　**编辑部电话:**(010)51873421　　**电子邮箱:** jiche@ tdpress. com

编辑助理: 刘奕琨

封面设计: 郑春鹏

责任校对: 苗　丹

责任印制: 赵星辰

出版发行: 中国铁道出版社有限公司(100054,北京市西城区右安门西街8号)

网　　址: https://www. tdpress. com

印　　刷: 河北宝昌佳彩印刷有限公司

版　　次: 2025年6月第1版　2025年6月第1次印刷

开　　本: 710 mm×1 000 mm 1/16　**印张:** 8. 5　**字数:** 153千

书　　号: ISBN 978-7-113-31661-7

定　　价: 54. 00元

编 委 会

主　　任：张宝凯

副 主 任：杨　宾　曹　辉

主　　编：赵　军　王　旭

参编人员：张志刚　于咏梅　关清春　杨　涛

袁增华　王冬莹　高清生　谢智强

宋进昌　丛洋闯　邹卓能　徐　玮

石记平　朱　明

前　言

为全面贯彻国铁集团推动新时代铁路职工教育高质量发展主题思想，构建系统完善的职工培训体系，进一步规范机车乘务员培训管理、提升机车乘务员技术业务素质，深入推进机务系统职工培训标准化、规范化建设，更好地完成机车乘务员成才培养工作，沈阳局集团公司机务部依托机车乘务员塑型成长全历程工作指南，组织编写了“机车乘务员培训系列教材”。

本教材针对机车乘务员塑型成才的五个阶段（入门、成长、塑型、进阶、成才）分别制定了相应的配套学习指导。教材内容全面，涵盖了法律法规、安全知识、基础知识、专业知识以及实作技能等方面，构成了一个完整的培训体系，使机车乘务员通过学习，可以达到“三个标准”，即机车副司机任职资质、机车司机驾驶资质、机车司机成才标准。

本套教材由中国铁路沈阳局集团有限公司、辽宁轨道交通职业学院、辽宁铁道职业技术学院、吉林铁道职业技术大学共同编写完成。《通用操作技能必知必会（新职学员）》由赵军、王旭担任主编，张志刚、于咏梅、关清春、杨涛、袁增华、王冬莹、高清生、谢智强、宋进昌、丛洋闯、邹卓能、徐玮、石记平、朱明参加了编写工作。

本教材为沈阳局集团公司机务部、各机务段职工教育培训工作人员设计，旨在作为工具书和指导书使用，期望本教材能成为广大职工教育培训工作人员日常工作的得力助手，特别是在规范日常培训、提升工作效能等方面发挥积极作用。

鉴于时间和能力原因，本教材可能存在诸多不足之处，期望广大读者能提出宝贵的意见和建议。

编　者

2025 年 4 月

目　录

第一章

列车运行监控装置（LKJ）操作

知识目标

通过学习掌握 LKJ 操作非正常行车方法及注意事项。

能力目标

遇非正常行车或施工作业能熟练操作 LKJ 设备，确保行车安全。

素质目标

树立严禁关机、正确操作、复核和互控的安全理念。

第一节　非正常行车监控器操作

一、引导解锁

1. 引导接车

列车运行至进站分区（含接车进路），机车信号显示白灯、红黄灯、红黄灯后的单红灯，监控装置按停车模式控制。机车乘务员全员确认引导信号正确后，运行速度 20 km/h 以下，司机按压【解锁】键，解锁至进站信号机处限速 21 km/h，解锁后本分区机车信号变化时，开口限速不变，监控列车以不超过 20 km/h 速度进站后，按次一信号机显示要求控制列车运行。引导解锁后显示屏显示“侧线 00”，如进侧线须输入相应的侧线股道号，如越过进站信号机再输入侧线股道号则不允许再修改为正线股道。进入进站分区（含接车进路），机车信号显示红黄闪灯，监控装置自动解锁至进站信号机处限速 21 km/h，监控列车以不超过 20 km/h 速度进站后，按次一信号机显示要求控制列车运行。自动解锁后本分区机车信号变化时，按其显示进行控制；但距信号机 50 m 内机车信号变为停车信号时，不按其显示进行控制，机车乘务员须全员确认引导信号正确后，方可以不超过 20 km/h 速度进站。引导解锁后显示屏显示“侧线 00”，如进侧线须输入相应的侧线股道号，如越过进站信号机再输入侧线股道号则不允许再修改为正线股道，引导解锁如图 1-1 所示。

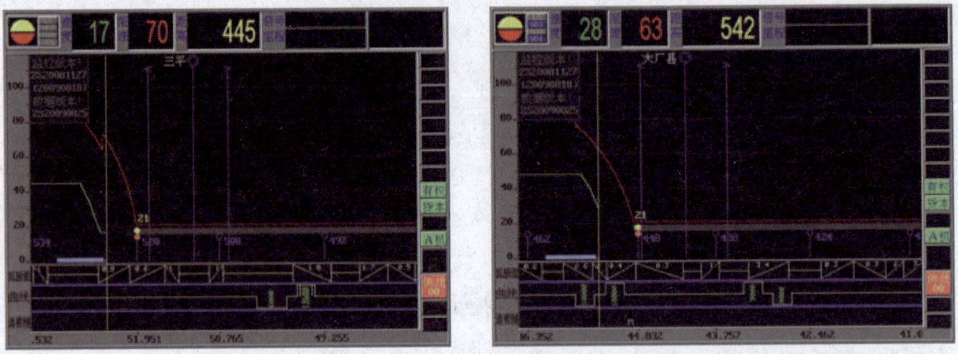

图 1-1　引导解锁

2. 有计划的特定引导

列车运行至有计划的特定引导进站分区（含接车进路），在计划时间内，监控装置按停车模式控制。机车乘务员全员确认特定引导手信号正确后，运行速度低于 60 km/h 时，司机按压【开车】+【解锁】键解除对该信号机的停车控制功能，解锁至进站信号机处限速 61 km/h，解锁后本分区机车信号变化时，开口限速不变，监控列车以不超过 60 km/h 的速度进站后，按次一信号机的显示要求控制列车运行。

注：对于存在特定引导的车站，若同方向同一个出站存在连续进站（接车进路）信号机时，连续进站均按特定引导控制，特定引导如图 1-2 所示。

3. 电码化停用

某站有计划的施工电码化停用时，机车乘务员确认进站（接车进路）、出站（发车进路）地面信号为进行信号条件下，按如下方式通过车站：

进站（接车进路）信号机前，监控装置按停车模式控制时，按引导解锁方式办理；

出站（发车进路）信号机前，机车信号显示白灯（含单红灯）按停车模式控制时，停车后司机按压【解锁】+【确认】键解锁越过出站（发车进路）信号机；

出站（发车进路）信号机前，机车信号显示红黄灯，停车后按临时绿色许可证方式输入统一绿色许可证号“1”，解锁后起动列车越过出站（发车进路）信号机。

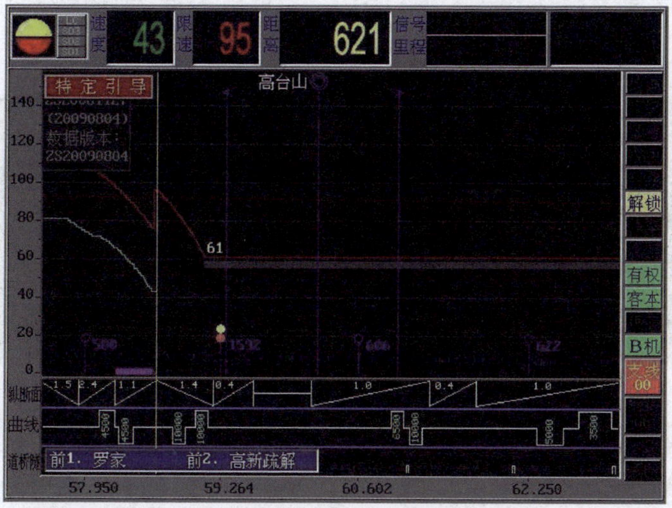

图 1-2　特定引导

二、自动闭塞区段“地面信号确认”

1. 列车运行至站内,地面信号显示绿灯或绿黄灯,机车信号显示双黄灯,当列车运行至距出站(发车进路)信号机 400 m 内,监控装置语音提示“请确认信号”,如确认地面信号为绿灯或绿黄灯,且下一架信号机不为进站类别时,司机持续按压【↑】键 2 s,显示屏显示“非正常行车确认”窗口,将光标移动到“地面信号确认”选项处,按压【确认】键后,调出“当前地面信号确认”窗口,将光标移动到“确定”处按压【确认】键确认,显示屏左上方显示“已确认地面为绿/绿黄灯”提示栏,监控装置解除在列车接近的信号机和次一信号机前转白灯的停车控制功能;机车信号接收到次一信号机的显示时,按其显示要求监控列车运行。如次一架信号机为进站类别时,监控装置无语音提示,禁止“绿灯/绿黄灯确认”操作,司机按上述操作后,显示屏提示“禁止操作”提示窗口。

2. 降级状态下开车前(“开车”灯点亮),地面信号显示绿灯或绿黄灯,机车信号显示双黄灯,监控装置语音提示“请确认信号”,如确认地面信号为绿灯或绿黄灯,且次一架信号机不为进站类别时,司机按监控状态下“地面信号确认”的操作方法操作后,监控装置解除开车对标后列车在次一信号机前转白灯的停车控制功能;机车信号接收到次一信号机的显示时,按其显示要求监控列车运行。

3. 地面信号显示单黄灯或双黄灯,机车信号显示双黄灯时不允许确认。

4. 使用“地面信号确认”功能确认后,修改“参数设定”项目或机车信号变灯,造成“已确认地面为绿/绿黄灯”窗口消失，需重新进行“地面信号确认”操作，如图1-3所示。

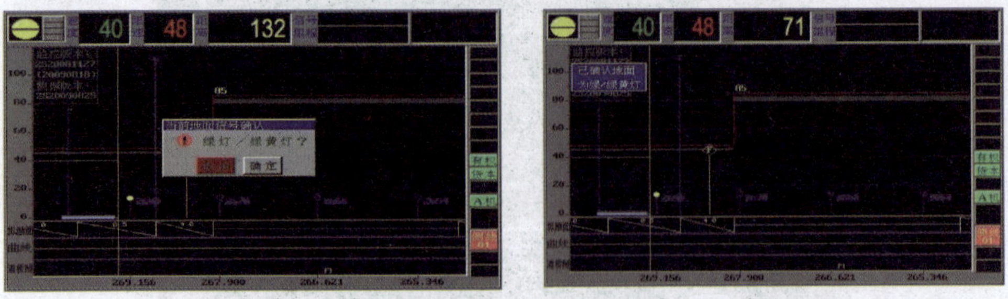

图1-3　绿黄灯确认（自动闭塞区段）

三、绿色许可证发车

1. 有计划的使用绿色许可证。

在列车运行至使用绿色许可证发车站的进站信号机、出站信号机或接发车进路信号机前，运行速度低于45 km/h时，显示屏自动弹出“绿色许可证输入”窗口，提示司机输入“绿色许可证号”；若司机未输入，提示窗口消失后，持续按压【↑】键2 s，显示屏显示“非正常行车确认”窗口，司机将光标移动到“绿色许可证”选项处，按压【确认】键，全员确认行车凭证正确后，输入“绿色许可证号”（输入范围1~255，半自动闭塞区段，有计划使用“半自动闭塞发车进路通知书”时，按有计划绿色许可证办理，输入统一规定编号“1”）并确认，再次按压【确认】键“绿色许可证输入”窗口消失。在出站信号机或发车进路信号机前，司机按压【解锁】+【确认】键，监控装置解除列车在该信号机前的停车控制，监控列车以不超过出站道岔的限速（最高不超过45 km/h）越过出站信号机。输入监控装置降级状态下，有计划使用绿色许可证，“开车”灯点亮时，以与普通揭示相似方式在揭示窗口进行显示。速度低于45 km/h时，显示屏弹出“绿色许可证输入”窗口，司机按上述有计划绿色许可证的操作方法操作，解锁成功后，在规定的对标点处对标，监控列车以不超过出站道岔限速（最高不超过45 km/h）越过出站信号机。

2. 临时使用绿色许可证。

机车运行至站内，地面出站信号机不能开放，机车信号显示红黄灯（红黄灯后的单红灯、红黄灯后的白灯）时，在出站信号机或发车进路信号机前停车，机车乘务员接取行车凭证（绿色许可证，半自动闭塞区段接到《半自动闭塞发车进路通知书》），全员确认凭证无误后，速度为0时，司机持续按压【↑】键2 s，显示屏显示

“非正常行车确认”窗口,司机将光标移动到“绿色许可证”选项处,按压【确认】键后输入“绿色许可证号”(半自动闭塞区段接到《半自动闭塞发车进路通知书》时,按临时绿色许可证办理,输入规定的统一编号“1”)并确认,机车乘务员确认发车信号正确或得到电台发车通知后,司机按压【解锁】+【确认】键解锁,监控装置解除列车在该信号机前的停车控制,监控列车以不超过出站道岔的限速运行(最高不超过 45 km/h)。监控装置降级状态下,临时使用绿色许可证,“开车”灯点亮时,停车后按上述临时使用绿色许可证操作方法办理,解锁成功后,在规定的对标点处对标,监控列车以不超过出站道岔限速(最高不超过 45 km/h)越过出站信号机,如图 1-4 所示。

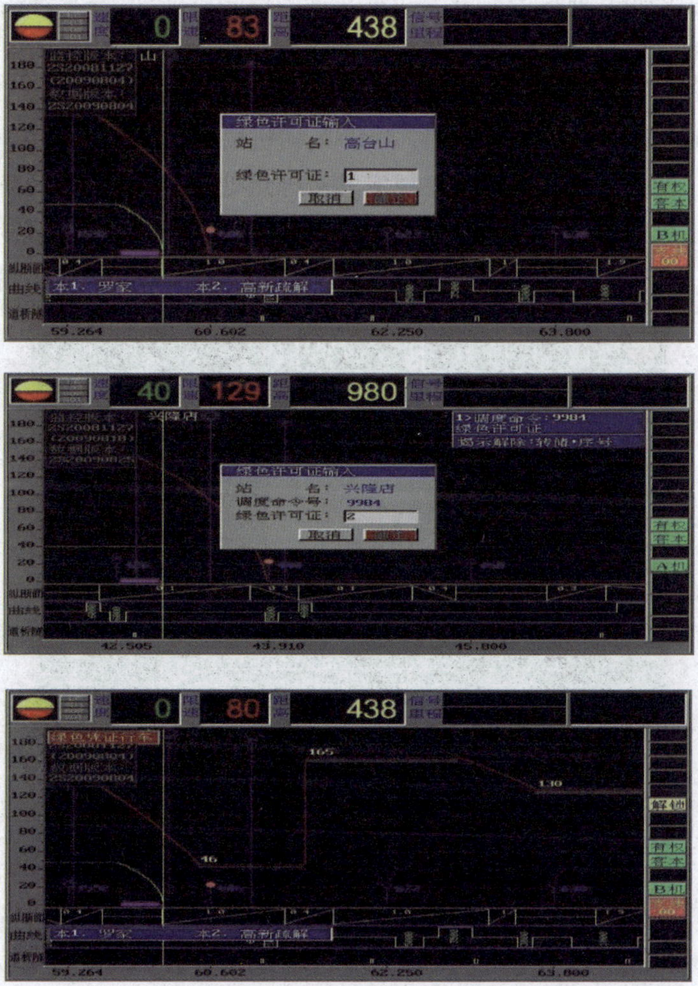

图 1-4　绿黄灯确认(绿色许可证发车)

四、路票行车

1. 列车运行至有计划改用电话闭塞法行车的起始车站的进站信号机、出站信号机或接发车进路信号机前,运行速度低于 60 km/h 时,显示屏自动弹出“路票输入”窗口,提示司机输入“电话记录号”;若司机未输入,提示窗口消失后,持续按压【↑】键 2 s,显示屏显示“非正常行车确认”窗口,司机将光标移动到“路票”选项处,按压【确认】键,机车乘务员全员确认凭证无误后输入“电话记录号”并按压【确认】键确认,在出站信号机或发车进路信号机前,按压【解锁】+【确认】键,监控装置解除列车所在线路的出站信号机或发车进路信号机以及至下一站间所有分区通过信号机的停车控制。列车运行至下一车站进站信号机前,监控装置按其对应的机车信号显示要求监控列车运行。监控装置降级状态下,有计划改用电话闭塞法行车,“开车灯”点亮时,以与普通揭示相似方式在揭示窗口进行显示。运行速度低于 60 km/h 时,显示屏弹出“路票输入”窗口;司机按上述有计划改用电话闭塞法行车的操作方法操作,解锁成功后,在规定的对标点处对标,监控装置解除列车所在线路出站信号机或发车进路信号机以及至下一站间所有分区通过信号机的停车控制,如图 1-5 所示。

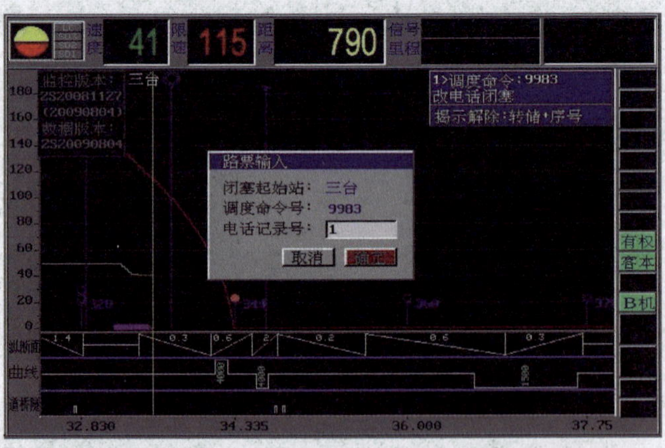

图 1-5　路票行车(运行速度低于 60 km/h)

2. 列车运行中临时接到改用电话闭塞法行车的调度命令。在改用电话闭塞法行车起始车站的出站信号机或发车进路信号机前停车,车站应向机车乘务员递交行车凭证(路票),机车乘务员接到行车凭证(路票)并确认无误后,速度为 0 时,司机持续按压【↑】键 2 s,显示屏显示“非正常行车确认”窗口,将光标移动到“路票”选项处,按压【确认】键,输入“调度命令号”及路票的“电话记录号”并确认,机车乘务员确认发车信号正确或得到电台发车通知后，司机按压【解锁】+【确认】键解锁，监控装置解除列车所在线路出站信号机或发车进路信号机以及至下一站间所有分区通过信号机的停车控制列车运行至下一站进站信号机前，监控装置按其对应的机车信号显示要求监控列车运行，如图 1-6 所示。

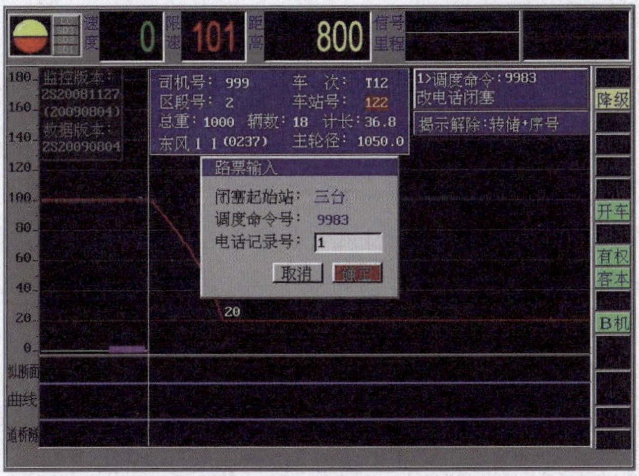

图 1-6　路票行车(运行速度为 0)

3. 监控装置降级状态下，临时改用电话闭塞法行车，“开车灯”点亮时，停车后按上述临时改用电话闭塞法操作方式办理，解锁成功后，在规定的对标点处对标，开车对标后监控装置按侧线道岔最低限速值控制，监控装置解除列车所在线路出站信号机或发车进路信号机以及至下一站间所有分区通过信号机的停车控制，如图 1-7 所示。

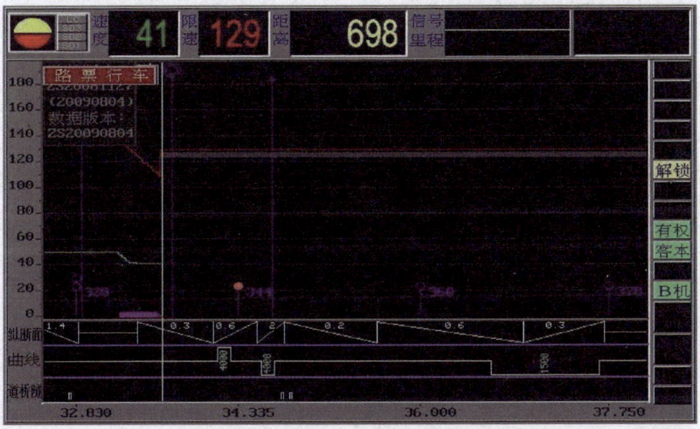

图 1-7　路票行车(监控装置降级状态下)

4. 注意事项,一个车站可向多方向发车且改用电话闭塞法行车或使用绿色许可证发车时,必须先输入所经径路支线号后进行路票或绿色许可证操作。

五、机车信号故障时监控装置的操作方法

1. 判断机车信号故障条件

(1)地面信号为进行信号,机车信号灭灯、多灯、乱变。

(2)站内地面信号为进行信号,机车信号为红黄灯。

(3)自动闭塞区段,地面信号为进行信号,机车信号连续两架不上码(固定不发码的信号机除外)。

(4)自动闭塞区间地面信号为进行信号,机车信号连续两架显示红黄灯。

(5)半自动闭塞区段,地面信号为进行信号,进站、出站信号机前机车信号连续两架不上码(机车信号固定不上码的车站或无码区段除外)。

2. 机车信号故障处理方法

(1)列车运行途中,确认机车信号故障,机车乘务员应立即停车,并使用列车无线通信设备报告车站值班员或列车调度员,严格按地面信号机的显示要求,操纵列车以规定的速度运行至前方站停车处理或请求更换机车。在自动闭塞区间列车运行速度不超过 20 km/h,仅机车信号故障而 LKJ 作用良好时,应将 LKJ 转为随时停车工作状态。

(2)列车运行途中发现 LKJ 基础数据与开通运行的铁路运输基础设备、设施的数据不一致时,机车司机应立即停车,并报告车站值班员或列车调度员;列车调度员应发布允许在数据不对应的区域将 LKJ 由通常工作状态人工转为随时停车工作状态或降级工作状态(无法进入随时停车工作状态时转为降级工作状态)运行的调度命令,以特别行车措施保障运输安全。

3. LKJ 转为随时停车工作状态操作方法

(1)确认地面信号为进行信号时,监控装置在监控或降级状态下速度为 0,司机按压显示屏向【↑】键 2 s,屏幕弹出“非正常行车确认”窗口,将光标移到“转入 20 km/h 限速模式”选项处,按压【确认】键,进入“转入 20 km/h 限速模式确认”子菜单,将光标移动到“确定”选项处,再次按压【确认】键,屏幕出现“20 km/h 限速模式”标志,模式曲线显示为限速 0。2 min 后,监控装置开口限速 21 km/h。注意自动闭塞区间通过信号机前,有速度操作监控装置时不能转入“20 km/h 限速模式”,同时,屏幕提示“停车有效”。监控状态下,在发车进路或出站信号机前,无论机车有无速度时,操作监控装置都不能转入“20 km/h 限速模式”,如有需要可降级

后再转入。随时停车模式如图 1-8 所示。

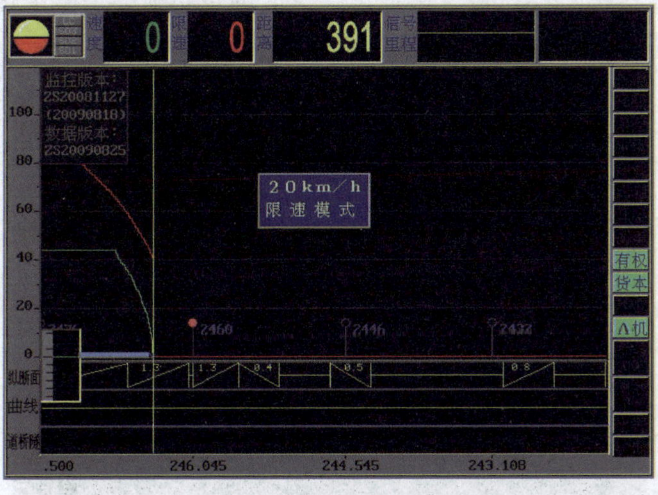

图 1-8　随时停车模式

(2)监控装置转入“20 km/h 限速模式”状态后,监控装置不按机车信号显示监控列车运行。机车乘务员(双班单司机值乘区段,必须执行双司机值乘)严格执行呼唤应答制度,及时车机联控。

4. 监控装置转入“20 km/h 限速模式”后的注意事项

(1)运行中监控装置不能自动校正距离,要求司机注意人工校正距离。发车进路和出站信号机前(不含线路所)只能向后车位调整;可在区间、进站或接车进路信号机前人工操作【自动校正】键,进行车位对中校正距离。

(2)不能输入侧线股道号。

(3)不能进入调车和降级控制状态。

(4)无监控装置引导解锁、靠标解锁、白灯无码解锁功能。

(5)无监控装置的路票、绿色许可证、特定引导、绿灯/绿黄灯确认功能;无揭示限速、区段限速控制和显示。

(6)在区间至进站分区间运行,按固定模式限速控制;在发车进路或出站信号机前按停车模式控制。

(7)机车信号变化,无语音提示。

5. 监控装置转出“20 km/h 限速模式”的操作和要求

(1)转入“20 km/h 限速模式”后,机车乘务员确认机车信号恢复正常或已越过数据不对应区域,通知车站值班员或列车调度员。由通常模式转入“20 km/h 限速模式”的，列车必须运行至站内并处于停车状态，进行转出“20 km/h 限速模式”的操作；由降级状态转入“20 km/h 限速模式”的，列车必须处于停车状态，可进行转出“20 km/h 限速模式”的操作，如图 1-9 所示。

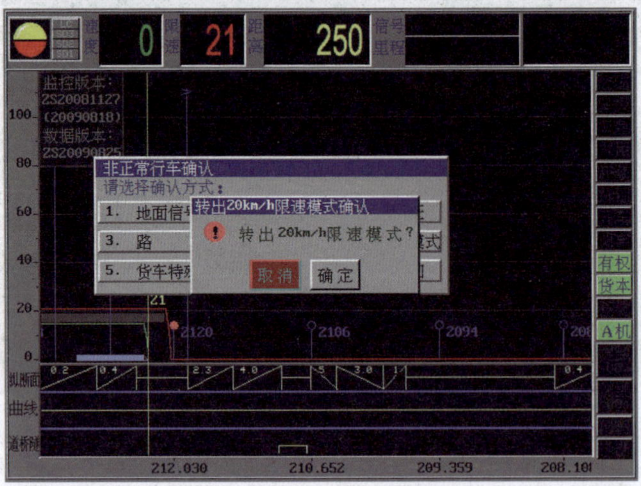

图 1-9　转出 20 km/h 限速模式

（2）司机按压监控装置显示屏【↑】键 2 s，显示屏弹出“非正常行车确认”窗口，将光标移到“转出 20 km/h 限速模式”选项处，按压【确认】键，进入“转出 20 km/h 限速模式确认”窗口，将光标移动到“确定”选项处，再次按压【确认】键，监控装置转入上电启机的原始工作状态（降级控制状态），司机输入参数后，待运行到规定对标点处，按压【开车】键恢复监控状态运行。

注意：有速度操作监控装置时不能转出“20 km/h 限速模式”，同时，显示屏提示“停车有效”。

6. 列车运行在站内确认信号机故障操作

列车运行在站内如确认机车信号故障，机车乘务员应立即停车，并报告车站值班员或列车调度员请求更换机车（动车组请求救援）。

六、降级

1. 产生自动降级的原因

（1）监控装置关机 30 s 以上，再开机；

（2）监控数据终止后；

（3）自动闭塞区间连续 12 架区间信号机过机不校，半自动闭塞区间连续 6 架

区间信号机过机不校;

(4)速度信号故障降级;

(5)转出"20 km/h 限速模式"后。

2. 人为输入降级操作方法

监控状态下修改车次编号、区段号、车站号、车次种类、列车种类参数进入降级状态。监控运行中严禁擅自降级运行。

3. 注意事项

(1)当机车信号为进行信号时,自进入降级工作状态列车运行 2 000 m 后,固定模式限速值降为 55 km/h;当机车信号为停车信号(或按停车信号控制的信号显示)或降级后由进行的信号变为停车信号时,自进入降级工作状态或信号变化后列车运行 800 m 后,固定模式限速值降为 15 km/h。

(2)降级运行时实际速度低于限速值 3 km/h 语音报警,低于限速值 2 km/h 卸载,等于常用限速值实施常用制动,等于紧急制动限速值实施紧急制动。

(3)机车信号为停车信号(或按停车信号控制的信号显示)时,如果速度高于 5 km/h,监控装置周期报警,提示司机注意确认地面信号,司机在 7 s 内周期按压【警惕】键应答,否则监控装置实施紧急制动。

(4)机车信号显示停车信号时,牵引总重 8 000 t 及以上的列车速度在 20 km/h 以下,当速度高于 5 km/h,监控装置周期报警,无卸载和紧急制动控制,但防溜控制除外。

七、反方向运行

反方向运行时,机车乘务员应将机车信号载频(上下行转换)开关置于所运行线路规定的位置,恢复正方向运行时,及时将机车信号载频(上下行转换)开关置于所运行线路规定的位置。

输入反方向车站号、区段号(按"监控交路明细表"中"监控交路类别"栏内容对应的监控交路号输入),显示屏左上方显示"反向运行"。遇没有反方向监控数据时,列车停车后依据调度命令在监控装置降级状态下转入 20 km/h 限速工作状态运行。

列车反方向运行区段,对旅客列车若不使用电话闭塞反方向行车时,监控装置按最高允许速度不超过 120 km/h 确定固定模式限速值监控列车运行,该区间限速值低于上述取值的按低值控制;若使用电话闭塞反方向行车时,按照该次列车最高限速和车载数据中对应反方向区间信号机设置的限速值的低值 80% 作为固定模式限速值监控列车运行，该区间限速值低于上述取值的按低值控制；对货物列车进入反方向运行时，按最高速度不超过 80 km/h 监控列车运行。

1. 有计划使用路票反方向运行

列车运行至有计划使用路票反方向行车起始车站的出站信号机或发车进路信号机前，在停车状态下输入监控装置反方向运行区段号、车站号、原车速等级，进入降级状态，显示屏自动弹出“路票输入”窗口，提示司机确认调度命令编号，机车乘务员全员确认行车凭证无误后，在路票输入窗口处输入路票的电话记录号并确认，按压【解锁】+【确认】键解锁，起动列车运行，运行至规定对标点处按压【开车】键进入监控状态。

2. 临时使用路票反方向运行

列车运行至临时使用路票反方向行车起始车站的出站信号机或发车进路信号机前停车后，车站应向机车乘务员递交行车凭证（路票），机车乘务员接到行车凭证（路票）并全员确认无误后，输入监控装置反方向运行区段号、车站号、原车速等级，进入降级状态，司机持续按压【↑】键 2 s，显示屏显示“非正常行车确认”窗口，将光标移动到“路票”选项处，按压【确认】键后输入调度命令号，在路票输入窗口处输入路票的电话记录号并确认，机车乘务员确认发车信号正确或得到电台发车通知后，司机按压【解锁】+【确认】键解锁，起动列车运行，运行至规定对标点处按压【开车】键进入监控状态。

3. 反方向不使用路票运行

列车运行至反方向运行起始站出站信号机或发车进路信号机前，机车乘务员确认地面信号为进行信号。当机车信号为进行信号速度低于 60 km/h（机车信号为双黄灯速度低于 45 km/h）时，司机输入反方向运行区段号、车站号、原车速等级降级，在规定对标点处按压【开车】键对标进入监控状态，在有速度情况下如未选择原车速等级语音提示“输入无效”，“开车灯”不点亮；当机车信号为停车信号（含白灯、单红灯）时，停车后输入反方向运行区段号、车站号、原车速等级降级，起车后在规定对标点处按压【开车】键对标进入监控状态。

如地面信号为停车信号，必须在出站信号机或发车进路信号机前停车，待出站信号机或发车进路信号机显示进行信号后输入反方向运行区段号、车站号、原车速等级降级，起车后在规定对标点处按压【开车】键对标进入监控状态。

4. 三站两区间（或以上）反方向运行

列车运行至有计划使用路票反方向运行的中间的车站进站信号机、出站信号机或接发车进路信号机前，运行速度低于 60 km/h 时，显示屏自动弹出“路票输入”

窗口,提示司机确认调度命令编号,机车乘务员全员确认行车凭证无误后,在路票输入窗口处输入路票的电话记录号并确认,按压【解锁】+【确认】键解锁,按反方向路票模式控制列车运行。

列车运行至临时使用路票反方向中间的车站的出站信号机或接发车进路信号机前停车后,车站应向机车乘务员递交行车凭证(路票),机车乘务员接到行车凭证(路票)并全员确认无误后,司机持续按压【↑】键 2 s,显示屏显示"非正常行车确认"窗口,将光标移动到"路票"选项处,按压【确认】键后输入调度命令号,在路票输入窗口处输入路票的电话记录号并确认,机车乘务员确认发车信号正确或得到电台发车通知后,司机按压【解锁】+【确认】键解锁,起动列车运行。

5. 恢复正方向运行

运行在反方向区间的列车,恢复正方向运行时,在出站信号机前,地面信号为进行信号。当机车信号为进行信号速度低于 60 km/h(机车信号为双黄灯速度低于 45 km/h)时,司机输入监控装置正方向区段号、车站号、原车速等级,进入降级状态,运行至正向规定的对标点处按压【开车】键进入监控状态;机车信号为白灯或单红灯监控装置按停车模式控制时,需停车后输入正方向区段号、车站号、原车速等级,进入降级状态,运行至正向规定的对标点处按压【开车】键进入监控状态。

6. 客车反方向运行要求

旅客列车如需改变原径路反方向运行时,在取得相应行车凭证前提下,必须在停车状态下方可对监控装置进行操作,输入反方向区段号、车站号、并需选择原车速等级后"开车灯"点亮。当恢复正方向运行时,停车状态下方可对监控装置进行操作,输入对应正方向区段号、车站号、选择原车速等级,重新对标开车。

第二节　监控器其他控制功能

一、防溜报警

1. 手柄防溜

机车手柄在零位,由停车状态移动,速度≥3 km/h 或走行距离>10 m 时,产生"注意手柄防溜"报警,司机 10 s 内按压【警惕】键或加载时,一次性解除报警,否则监控装置实施紧急制动,同时产生"手柄防溜动作"语音提示。

机车手柄非零位停车,若手柄没有变化,非零位再起车,仍然执行手柄防溜报警模式。

2. 相位防溜

机车由停车状态移动,机车的方向手柄位置与轮对转动的方向不一致,速度≥3 km/h 或走行距离>10 m 时,产生循环“注意相位防溜”报警,司机 10 s 内周期按压【警惕】键解除报警,否则监控装置实施紧急制动,同时产生“相位防溜动作”语音提示。当机车速度>10 km/h 时,再次按压【警惕】键解除监控装置循环报警。

3. 管压防溜(动车组除外)

列车停车时如列车管减压量不足 80 kPa,5 s 后产生连续“注意管压防溜”报警,司机 10 s 内追加减压达 80 kPa 及以上或按压【警惕】键时,一次性解除报警,否则监控装置实施紧急制动,同时产生“管压防溜动作”语音提示。单机(车次 50001~52998)以及调车工作状态下停车时制动缸压力不足 80 kPa 或列车管减压量不足 80 kPa,5 s 后产生连续“注意管压防溜”报警,司机 10 s 内追加制动缸压力达 80 kPa 或追加列车管减压达 80 kPa 及以上,或按压【警惕】键时,一次性解除报警,否则监控装置实施紧急制动,同时产生“管压防溜动作”语音提示。

4. 防溜排风后的缓解

监控装置发生防溜动作紧急制动停车后,需缓解时,司机按压【警惕】键缓解。

注意:调整列车管定压后,必须立即在机车缓解状态下进行一次“开车对标”操作,并退出进入相应的工作状态。

二、车位调整

1. 人工自动校正

误差在 300 m 内,以前方信号机为基准(半自动闭塞区段预告分区调整基准在绝缘节处),当机车头部与信号机平齐时按压【自动校正】键,无论超前或滞后均可自动调整。

注:分区距离较短(小于 600 m),与前后信号机间距离同时满足“人工自动校正”条件时,使用“人工自动校正”,监控装置往最近的信号机进行车位调整。

2. 滞后误差调整

当机车运行到信号机处,监控装置距离显示仍为剩余距离时,先按压【车位】键,至机车头部与信号机平齐时按压【向前】键。

3. 超前误差调整

当机车未运行到信号机处,监控装置距离已提前走完(误差距离在 300 m 内),并调出下一信号机距离时,先按压【车位】键,当机车头部与信号机平齐时按压【向后】键。

注:监控装置按停车模式控制时,车位调整无效。

三、巡检操作

机车乘务员在操纵端按压【巡检】键→到非操纵端按压【巡检】键→回操纵端按压【巡检】键,每次有效按键,屏幕右边显示的状态窗口中“巡检灯”点亮4 s,结束时监控装置语音提示“巡检完成”。

四、【警惕】键操作

降级状态下监控装置周期报警,司机7 s内周期按压【警惕】键解除报警;防溜报警时司机10 s内按压【警惕】键解除报警;监控装置发生防溜动作紧急制动停车后,需缓解时,司机按压【警惕】键缓解;半自动闭塞“信号突变”7 s内按压【警惕】键解除报警。

五、调车操作

当机车速度为0时,在有权端按压【调车】键进入调车状态,进入调车状态后两端均有操作权。调车状态下限速窗口显示41 km/h,38 km/h报警,39 km/h卸载,41 km/h常用(未开通常用制动的为紧急制动限速值),44 km/h紧急,调车状态中走行距离自动计算。调车结束后,在操纵端按压【调车】键退出调车状态。

换端操作:机车速度为0时,在有操作权的一端按压【调车】键进入调车状态(已经在调车状态下不需要)。

六、人工速度通道切换功能

1. 操作方法:按压【设定】键进入参数设定界面,再按压4键,进入“切换速度传感器”界面,使用【←】【→】光标键选择相应的备用通道0、1、2,选定后按压【确认】键。

2. 机车运行中司机确认显示屏速度窗口无速度或速度波动时,使用【查询】+2键进入工况显示界面,速度通道从左至右为0、1、2通道,其中速度显示为绿色的为当前使用的速度通道,如果当前某一通道速度显示正常,须进行速度通道切换操作。进行人工速度通道切换操作后乘务员要进行引记,速度通道切换如图1-10所示。

注意:人工切换速度通道后,无速度通道自动切换功能。关机30 s以上再开机可恢复速度通道自动切换功能。

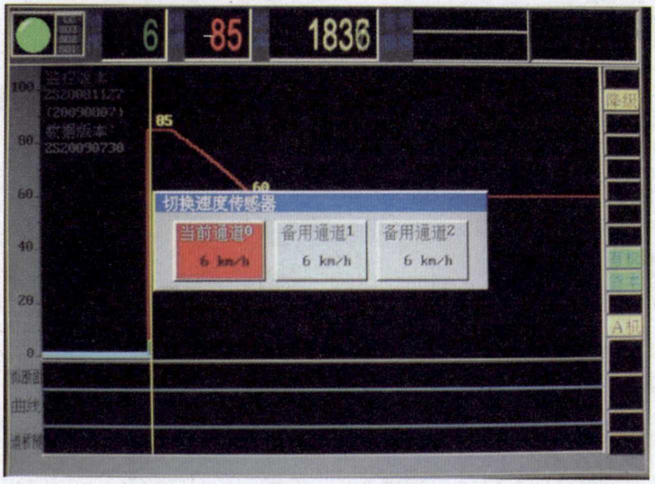

图 1-10　速度通道切换

七、发生卸载、常用制动后的处理

1. 监控装置卸载后恢复

当监控装置发生卸载动作(主手柄在零位、非零位均有卸载功能)后,实际速度低于常用制动限速值 3 km/h 时,监控装置自动退出卸载功能。防溜控制及警惕控制产生的卸载除外。

2. 常用制动后缓解

恒速模式下发生常用制动时,实际速度低于固定模式限速值 5 km/h,监控装置语音提示"允许缓解",司机手动按压【缓解】键缓解常用制动,监控装置语音提示"缓解成功"。

减速模式下发生常用制动时,实际速度低于目标限速值,监控装置语音提示"允许缓解",司机可以手动按压【缓解】键缓解常用制动,监控装置语音提示"缓解成功",缓解后本分区不停车不恢复常用制动功能。

停车模式下发生常用制动,必须停车后,司机方可手动按压【缓解】键缓解常用制动。

注:发生常用制动后缓解操作时,列车处于恒速模式区,实际速度低于固定模式限速值 5 km/h;列车处于减速模式区,实际速度低于目标限速值;列车处于停车模式区,必须停车后,司机方可手动按压【缓解】键缓解常用制动。

3. 监控装置发生紧急制动停车后自动缓解紧急制动;如同时发生常用制动和

紧急制动,停车后,自动缓解常用制动和紧急制动;如监控装置只发生常用制动(未同时发生紧急制动),停车后,需要司机手动按压【缓解】键缓解常用制动。

4. 防溜控制产生的卸载和紧急制动,停车后需缓解时,司机按压【警惕】键缓解;警惕控制产生的卸载和常用制动的解除,只有停车后方可按压【缓解】键解除。

5. 通常工作状态下,普速列车及动车组在自动闭塞和提速半自动闭塞区段LKJ均采用速度连续控制方式。牵引总重8 000 t及以上的货物列车,运行速度低于20 km/h时,取消监控装置紧急制动控制,但站内停车和防溜控制除外。

八、监控装置故障处理方法

1. 监控装置故障判断条件

(1)运行中监控装置自动转为降级状态时,机车乘务员确认监控装置显示的速度上下波动频繁或无实际速度显示并经人工切换速度通道无效时。

(2)运行中监控装置发生故障无法正常使用时,如定屏、黑屏等。

(3)运行中监控装置发生系统故障、声光报警时。

2. 监控装置故障处理

列车运行途中,监控装置发生故障(动车组ATP控车时除外)时,机车司机应立即停车,使用列车无线调度通信设备报告车站值班员或列车调度员,停车后处理方法如下:

(1)监控装置故障在区间停车后,机车乘务员应关机30 s内再开机,如恢复正常后可继续运行。若未恢复正常时,关闭监控装置,严格按地面信号机的显示要求(机车乘务员双班单司机值乘区段,必须执行双司机值乘,严格执行呼唤应答制度,及时车机联控),操纵列车以规定的速度运行至前方站停车处理。在自动闭塞区间列车运行速度不超过20 km/h(动车组不超过40 km/h);半自动闭塞区间列车运行速度最高不得超过60 km/h,在越过前方站预告信号机后以不超过20 km/h速度进站。

(2)运行至前方站停车后监控装置开机(如恢复正常,输入所在车站的车站号、选择原“车速等级”后,检查“开车灯”是否点亮,如点亮,运行至规定对标点处对标恢复监控),如仍未恢复正常,请求更换机车(动车组请求救援)。

(3)如监控装置发生故障直接停在站内,处理方法为关机30 s以上再开机,然后按第(2)条办理。

九、揭示解除

1. 解除临时限速、有计划的停用基本闭塞法改用电话闭塞法行车、有计划的使用绿色许可证、有计划的特定引导控制揭示的操作必须接到解除前发(有计划)临时限速、改用电话闭塞法、绿色许可证、特定引导的调度命令条件下方可进行下列操作。

运行中解除限速揭示的操作方法:机车乘务员接到取消前发(有计划)限速揭示调度命令时,距揭示地点 4 000 m 时,显示屏右上方自动弹出“前方控制揭示信息栏”,标明了前方各条控制揭示的信息,监控装置根据距离远近自动对各条揭示进行排序并编号。距揭示地点旅客列车 3 000 m、货物列车 2 000 m 时,语音提示。在速度不为 0 时,司机按压【转储】+相应“数字键”(揭示信息栏显示的对应揭示编号),弹出“取消调度命令”输入窗口,输入取消前发(有计划)命令的调度命令号,解除指定的某一条揭示,解除成功后显示屏左上方显示“取消揭示成功”提示栏。因监控装置屏幕显示器最多只能显示 8 条正在控制的揭示信息,如需要解除未显示的揭示,须按压屏幕显示器【查询】+3,进入部揭查询界面解除需要解除的揭示,如图 1-11 所示。

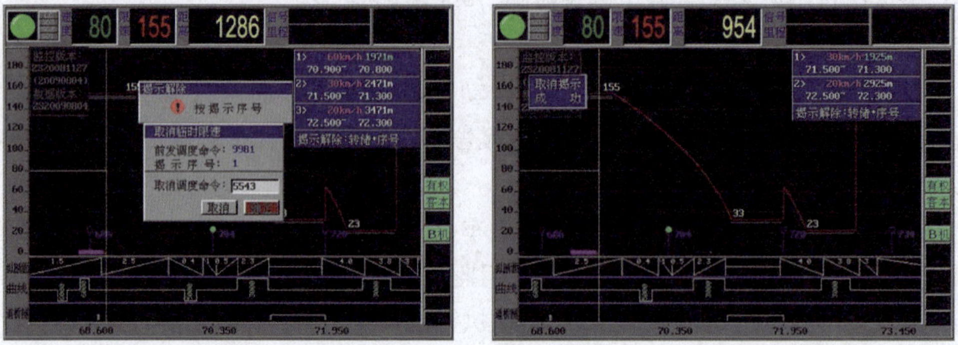

图 1-11　揭示解除

2. 运行中解除前发(有计划)改用电话闭塞法、绿色许可证、有计划的特定引导的操作方法:机车乘务员接到解除前发(有计划)改用电话闭塞法、绿色许可证、有计划的特定引导的调度命令时,当列车运行至进站信号机前,显示屏右上方自动弹出“前方控制揭示信息栏”,标明前方各条控制揭示的信息,司机按压【转储】+相应“数字键”(揭示信息栏显示的对应揭示编号),弹出“取消调度命令”输入窗口,输入调度命令号,解除监控装置对前发(有计划)改用电话闭塞法、绿色许可证、有计划的特定引导的控制。

某站存在有计划改用电话闭塞法行车、有计划使用绿色许可证发车,而列车不经由改用电话闭塞法行车、使用绿色许可证发车的信号机时,输入统一调度命令号“99”,解除监控装置对前发(有计划)改用电话闭塞法、绿色许可证的控制。

3. 通过查询当前揭示或全部揭示解除揭示控制的操作方法:机车乘务员接到解除前发(有计划)改用电话闭塞法、绿色许可证、有计划的特定引导、限速揭示的调度命令时,司机按压【查询】键后进入“查询选择”界面,将光标移动到“当前揭示”或“全部揭示”选项处,按压【确认】键,进入到“当前揭示信息查询”或“全部揭示信息查询”界面,将光标移动到“选择”项处,按压【确认】键,使用【↑】【↓】向键将光标移动到要取消的揭示条目上,按压【确认】键,光标自动转到“解锁”项处,同时选中的揭示变为蓝色(若要选择多条揭示时,重复上述选择过程;如要取消选择,将光标移动到“不选”项处按压【确认】键),按压【确认】键后显示屏弹出“取消调度命令”输入窗口,输入调度命令号后,按压【确认】键,光标移至“确定”项处,再次按压【确认】键,显示屏弹出“取消揭示成功”窗口,按压【确认】键,解除已选中的揭示,已解除的揭示变为红色,将光标移动到“返回”项处,按压【确认】键,退出“全部揭示信息查询”界面。

4. 乘降所揭示解除:列车距控制点 300 m 内停车后,监控装置自动解除;如列车距控制点 300 m 外停车,按上述 3. 的操作方法进行操作,输入统一调度命令号“99”。

5. 相邻两站间一条经路内存在重复公里标(如长链)时或车载数据中某站内、场内不同经路存在重复公里标时,一条揭示会存在多个控制点,无揭示区段需人工解除揭示限速控制,输入统一调度命令号“99”。

6. 对于同方向同一个出站具有连续进站特定引导,需要解除(根据调度命令解除特定引导)时,监控装置一次性解除连续进站(接车进路)特定引导的揭示控制。揭示解除如图 1-12 所示。

十、平面调车

1. 调车机车监控装置与平调设备连接配合使用时,司机须将“平调接口盒”上的开关置于 1 位,此时机车信号不能使用;当监控装置不与平调设备配合使用时,司机应将“平调接口盒”上的开关置于 0 位,机车信号正常使用。

2. 监控装置与平调设备配合使用时的平调控制模式及参数

(1)调车机车只有监控装置调车状态下,接收到平调信号方可进入平调模式。平调模式最高限制速度 41 km/h,速度达到 38 km/h 报警,39 km/h 卸载,41 km/h 紧急制动。

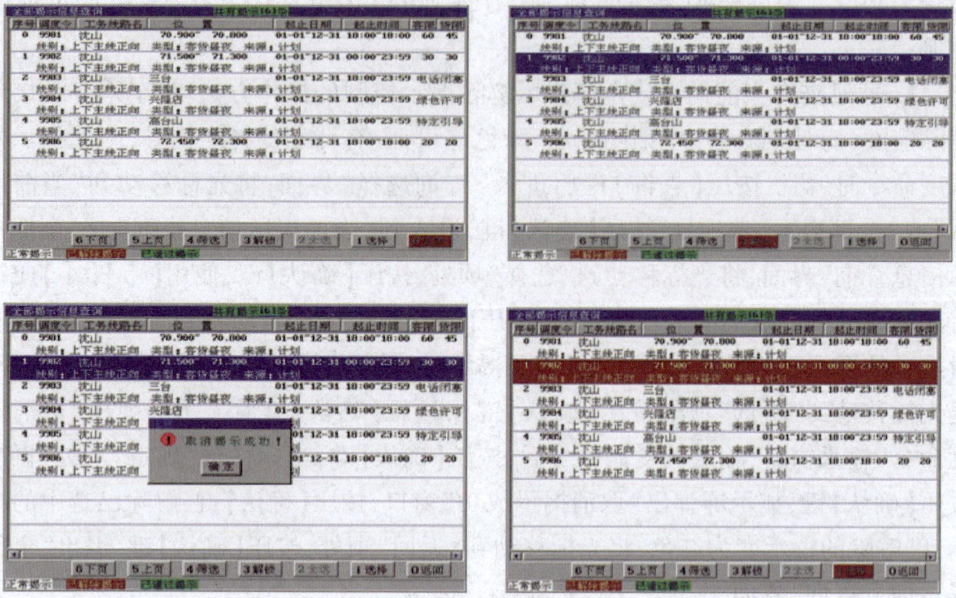

图 1-12　揭示解除

(2)当监控装置接收到“紧急停车”信号时,如机车有速度,监控装置限制速度立即降为 0,机车处于停车状态时,限制速度直接变为 3 km/h。此时动车速度达到 1 km/h 卸载,3 km/h 紧急制动,直至接收到其他平调信号后才能显示相应的限速值,司机方可动车。

(3)当监控装置接收不到平调信号或接收到非正常平调信号时,语音提示“信号故障”同时退出平调模式。

(4)当监控装置接收到“起动”信号时,监控装置限制速度 41 km/h,机车速度达到 38 km/h 报警,39 km/h 卸载,41 km/h 紧急制动。

(5)当监控装置接收到“推进”信号时,监控装置限制速度 31 km/h,机车速度达到 28 km/h 报警,29 km/h 卸载,31 km/h 紧急制动。

(6)当监控装置接收到“溜放”信号时,监控装置限制速度 31 km/h,机车速度达到 28 km/h 报警,29 km/h 卸载,31 km/h 紧急制动。

(7)当监控装置接收到“连结”信号时,监控装置限制速度 6 km/h,机车速度达到 3 km/h 报警,4 km/h 卸载,6 km/h 紧急制动。

(8)当监控装置接收到“十车”信号时,机车走行 50 m 后,监控装置限制速度 15 km/h,机车速度达到 13 km/h 报警,14 km/h 卸载,15 km/h 紧急制动。当 50 m 距离未走完收到“五车”信号时,立刻按“十车”信号限制速度控制,同时按“五车”

信号走行 20 m 距离控制。

(9)当监控装置接收到“五车”信号时,机车走行 20 m 后,监控装置限制速度 10 km/h,机车速度达到 8 km/h 报警,9 km/h 卸载,10 km/h 紧急制动。当 20 m 距离未走完收到“三车”信号时,立刻按“五车”信号限制速度控制,同时按“三车”信号走行 20 m 距离控制。

(10)当监控装置接收到“三车”信号时,机车走行 20 m 后,监控装置限制速度 6 km/h,机车速度达到 4 km/h 报警,5 km/h 卸载,6 km/h 紧急制动。

(11)调车机车接收到平调信号进入平调控制模式后,未收到其他平调信号而直接收到“停车”(含“故障停车”信号,下同)信号时,如机车有速度,则信号延时 10 s(或走行距离延迟 100 m)后监控装置限制速度降为 0,机车处于停车状态时,限制速度直接变为 3 km/h,此时动车速度达到 1 km/h 卸载, 3 km/h 紧急制动,直至接收到其他平调信号后才能显示相应的限速值,司机方可动车。以下各项机车停车后的控制模式与此项相同。

①“起动”信号后的“停车”信号,如机车有速度,则信号延时 10 s 后监控装置限制速度降为 0。

②“溜放”信号后的“停车”信号,如机车有速度,则信号延时 30 s 后监控装置限制速度降为 0。

③“溜放推进”后的“停车”信号,如机车有速度,则信号延时 30 s 后(或走行距离延迟 300 m)监控装置限制速度降为 0。

④“推进”信号后的“停车”信号,如机车有速度,则信号延时 10 s 后监控装置限制速度降为 0。

⑤“连结”信号后的“停车”信号,如机车有速度,则信号延时 5 s 后监控装置限制速度降为 0。

⑥当监控装置接收到“减速”信号时,维持前一平调信号限速不变;“减速”信号后的“停车”信号,如机车有速度,则信号延时 20 s 后监控装置限制速度降为 0。

⑦“十、五、三车”信号后的“停车”信号,如机车有速度,则机车走行 10 m 后监控装置限制速度降为 0。

⑧“收放权”信号后的“停车”信号,如机车有速度,则信号延时 10 s 后监控装置限制速度降为 0。

(12)当监控装置接收到与紧急停车信号相对应的紧急解锁信号时,如机车有速度,则输出紧急制动。

十一、防撞土挡装置控制模式

1. 防撞土挡功能仅在调车(含平调、出入库)状态有效,且不使用常用制动功能。

2. 预告点限速 15 km/h,越过预告点 150 m 后限速 6 km/h,接收到绝对停车信号立即实施紧急制动。

3. 过预告点控制模式。调车机向土挡方向运行,收到预告点信号时,限速突降至 15 km/h,程序记下该点位置及与机车运行方向的关系。此时机车速度如达到或高于 15 km/h 立即实施紧急制动,如机车速度低于 15 km/h,越过预告点后,机车速度达到 12 km/h 语音报警,速度达到 13 km/h 卸载。

4. 降速点控制模式。机车维持运行方向不变,越过预告点走行 150 m 后限制速度突降至 6 km/h,此时机车速度达到或高于 6 km/h 速度实施紧急制动,速度达到 3 km/h 语音报警,速度达到 4 km/h 卸载。

5. 绝对停车点。速度低于 6 km/h,机车维持运行方向不变运行至绝对停车点,机车实施紧急制动。停车后,下一次动车前必须按压【解锁】键解除停车控制,将限速抬升到 6 km/h,否则动车即实施紧急制动。

6. 机车换向时控制模式。当机车经过预告点,监控装置调用相应限制速度后,如机车换向,监控限制速度上抬到进入防撞土挡控制模式前的调车最高限速 41 km/h;如果机车换向后走行没有越过预告点又再一次换向,监控装置将根据机车位置恢复相应防撞土挡限速控制(15 km/h 或 6 km/h);如果机车换向后走行越过了预告点,监控装置将取消本次防撞土挡控制模式。

7. 退出调车状态时防撞土挡功能随即取消,调车状态如果发现有误接收预告点或绝对停车点信号,可以通过退出并在速度为 0 条件下重新进入调车状态来清除程序记忆的点信号。

8. 如确实需要越过紧急点调车,可人为按压切除按钮,切断地面信号接收电路,但速度不允许超过 3 km/h。

9. 在调车(含平调、出入库)状态下,经过自动过分相地感器轨枕时,可人为按压切除按钮,切断地面信号接收电路。

十二、信号突变

1. 在自动闭塞区段,当监控装置计算列车距前方信号机距离≤50 m 时,机车信号由黄灯突变为红黄灯或白灯以及由双黄灯突变为红黄灯或白灯、由双黄闪灯突变为红黄灯,监控装置自动解除对当前信号机的停车控制,不报“信号突变”,并将计算的剩余里程消除,按距次一信号机的距离监控列车运行。消除剩余里程时语音提示“注意距离”。

在自动闭塞区段,监控装置计算列车距前方信号机距离>50 m 时按停车模式控制,如满足制动条件将实施制动控制。

2. 在半自动闭塞区段,当监控装置计算列车距前方信号机距离≤100 m 时,机车信号由黄灯突变为红黄灯或白灯,以及由双黄灯突变为红黄灯或白灯、由双黄闪灯突变为红黄灯,监控装置持续发出“信号突变”语音报警,司机 7 s 内按压【警惕】键后停止报警,并解除对当前信号机的停车控制,按次一信号机的显示要求监控列车运行;如果 7 s 内未按压【警惕】键,监控装置将实施紧急制动。如在报警期间,实际速度未超过限速值,改按停车模式控制。在报警期间过机,自动解除停车控制,下一分区按其信号显示要求控制。

在半自动闭塞区段,当监控装置计算列车距前方信号机距离>100 m 时,按停车模式控制,如满足制动条件将实施制动控制。

十三、到着退勤

1. 站交机班到着后,司机要将本次乘务中所形成的文件,全部转储到 IC 卡中,方法如下:

在速度为 0 时插入 IC 卡,按压【转储】键后屏幕进入“文件转储”界面,如图 1-13 所示,选择文件,开始转储。屏幕下边是功能选择按钮,将光标移到相应按钮上按压【确认】键,就可以执行相应的功能。

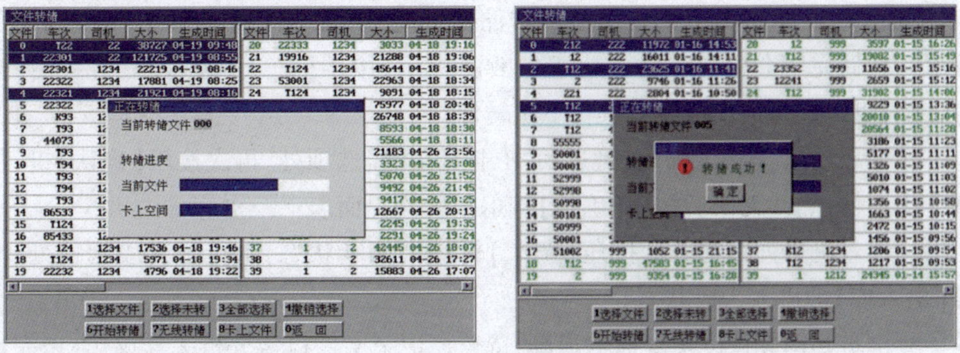

图 1-13　转储文件

屏幕上边为文件目录栏，绿色的文件是已经转储过的文件，蓝色是选中的文件。目录栏下方有一个滚动条，指示目前显示的位置。功能按钮分别是：

(1)“1 选择文件”

进行手工文件选择，此时文件目录栏内出现一个光标条，可以用四个方向键移动光标条到欲转储文件，按压【确认】键选中这个文件。选中后光标条移到下一个文件，同时选中文件变成蓝色。如果想取消已经选中的文件，只需将光标条移到所选文件，再次按压【确认】键即可取消这个文件的选择。

(2)“2 选择未转”

选中全部尚未转储过的文件。

(3)“3 全部选择”

选中全部文件。

(4)“4 撤销选择”

撤销全部选择。

(5)6 开始转储”

开始转储选择的文件。

(6)“7 无线转储”

(暂未使用)。

(7)“8 卡上文件”

显示当前已经转储到“IC 卡”中的文件列表。

(8)“0 返回”

退出转储窗口。

在转储过程中，会弹出一个指示转储情况的窗口，上面是当前正在转储的文件名，下面的三个进度条分别指示整个转储的进度、当前文件进度和 IC 卡空间使用情况。转储完毕会出现转储成功或失败的提示，按压【确认】键返回文件选择窗口，此时可以选择退出或继续进行下次转储。

转储成功后，按压【确认】键返回“8 卡上文件”选项处，再次按压【确认】键，检查卡上文件，确认无误后按压【确认】键退出转储界面。

2. 终着机班列车终着后按压【调车】键进入调车状态，走行至入段闸楼处，按压【出入库】键进入入段状态。

3. 全员到退勤调度员处插卡退勤，待监控记录文件检索分析无异议，办理完退勤手续后将 IC 卡交机车乘务员。

复习思考题

1. 试述有计划使用路票反方向运行操作方法。
2. 产生自动降级的原因有哪些?
3. 试述判断机车信号故障条件。
4. 有计划的使用绿色许可证如何操作监控装置?
5. 试述速度通道切换方法。
6. 发生常用制动后如何解锁?
7. 何谓相位防溜?

第二章

机车综合无线通信设备(CIR)、列车防护报警设备(LBJ)与G网操作

知识目标

通过学习掌握CIR、LBJ与G网操作方法及注意事项。

能力目标

能熟练操作CIR、LBJ与G网操作设备。

素质目标

树立列车无线通信设备通话用语标准的工作理念。

第一节　机车综合无线通信设备操作

一、机车综合无线通信设备组成与介绍

机车综合无线通信设备(CIR)由主机、操作显示终端(MMI)、送受话器、扬声器、打印终端、天线及连接电缆等组成,如图2-1所示。

二、MMI按键布置

MMI的按键分为可配置式按键、数字字母输入按键、功能按键和列尾按键,如图2-2所示。

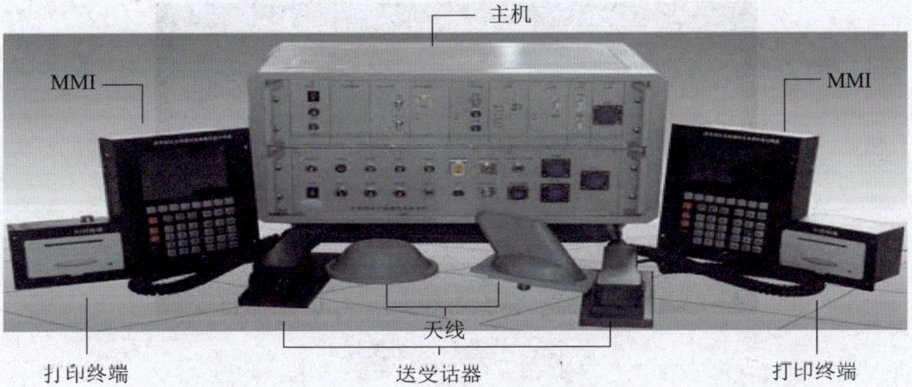

图 2-1　CIR 设备组成

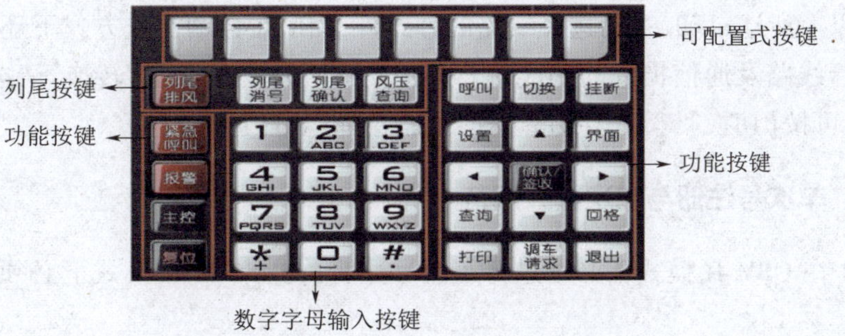

图 2-2　MMI 按键

三、模式选择与线路选择

1. 自动选择线路

(1)在 MMI 主界面下按【设置】键,进入设置界面。

(2)根据屏幕提示按方向键将光标移动到"2、运行区段",也可以按数字键"2"快速定位至选项,如图 2-3 所示,按【确认、签收】键进入"线路选择"界面。

(3)移动光标到"1、自动",再次按【确认、签收】键,此时 CIR 设置为线路自动切换模式。

2. 手动选择线路

(1)在 MMI 主界面下按【设置】键,进入设置界面,选择"2、运行区段"。

(2)按【确认、签收】键进入"线路选择"界面,此时屏幕上会列出所有的路局。选择路局后按【确认、签收】键,此时屏幕上列出该路局全部运行线路。

(3)选中线路后,再次按下【确认、签收】键,此时 CIR 设置为线路手动切换

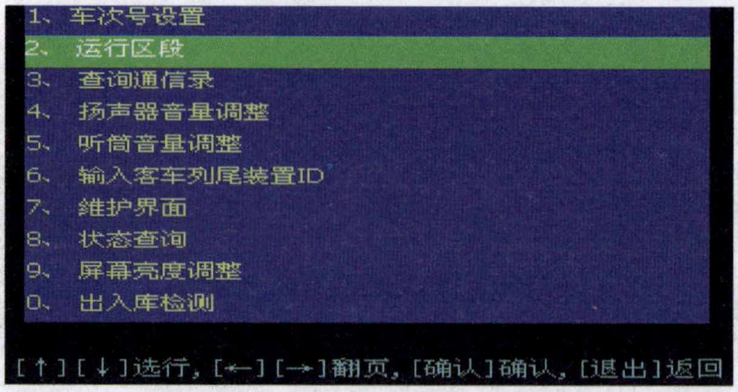

图 2-3　线路自动切换模式

模式。

3. 运行线路人工选择

除以上所述自动、手动选择线路的方式外，CIR 在自动工作方式下还具有人工选择运行线路及通信模式的功能，当 MMI 发出语音提示"通信转换，请选择线路"时，司机可按【切换】键调出线路选择界面，选择运行线路。

四、车次号注册与车次输入规范

CIR 在 GSM-R 模式下必须进行车次号注册，在 450 MHz 模式下必须进行车次号设置。

在主界面下按 MMI【设置】键，进入设置界面。将光标移动至"1、车次功能号注册"并按【确认、签收】键，如图 2-4 所示，注意事项如下：

1. 车站给机车乘务员提供的《列车编组通知单》上的车次号必须与阶段计划开行的车次号完全一致。

2. 车次号中不得含有汉字，只准许车次号前两位含有字母或数字，其他位置均须为数字，其格式为：××+数字。

3. 机车乘务员在 LKJ 输入车次时，如无法输入字母时只输入数字部分(或按规定输入)，在 CIR 电台中输入 G 网注册的车次号要按"列车编组通知单"上的车次号完整输入。

4. 机车乘务员在车站接车后或出库挂头后必须按"3. "中要求分别在 LKJ 和 CIR 中输入正确车次。

5. 遇有 LKJ 输入车次号与 CIR 输入车次号无法一致时，操作 LKJ 开车对标后乘务员必须重新修改 CIR 的车次号(按车站给定的车次号修改)。

6. 在变更车次地点时机车乘务员必须重新修改 CIR 的车次号，变化后的车次号由车站值班员(或胜任人员)通知机车乘务员(该车次号须与阶段计划的车次号一致)。

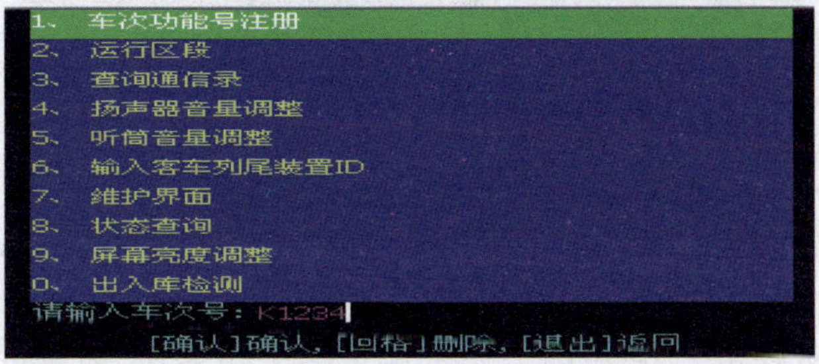

图 2-4　重新修改 CIR 车次号

五、使用 G 网车机联控

按键可以显示“调度、连续四个车站、车长、邻站组呼、站内组呼”,四个连续车站在已选择正确的线路后利用北斗/GPS 定位延续显示,如图 2-5 所示。

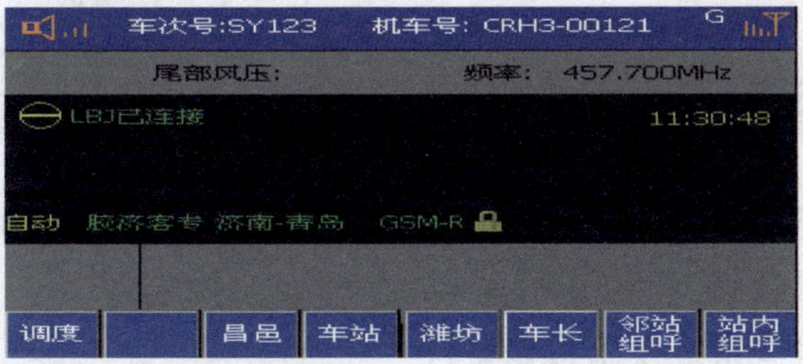

图 2-5　车站定位延缓显示

六、调度命令与进路预告签收

司机阅读完调度命令信息后按【确认、签收】键签收。较长的调度命令会分页显示,司机应阅读完后再签收。如果未阅读至最后一页按【确认、签收】键,MMI 会提示“请阅读完再签收”,调度命令与进路预告签收如图 2-6 所示。

七、CIR 电台的应急故障处置

1. CIR 车载设备故障而 450 手持电台或 G 网手持台正常时,运行中按 MMI 的【复位】键 3 s 以上,对 CIR 整机进行重启复位。如重启后 CIR 设备仍故障时,司机应使用 GSM-R 持手台或无线对讲设备与列车调度员(车站值班员)等行车人员联系办理行车通信业务。在前方停车站停车后关闭电源 3 min 后再进行重启处理。

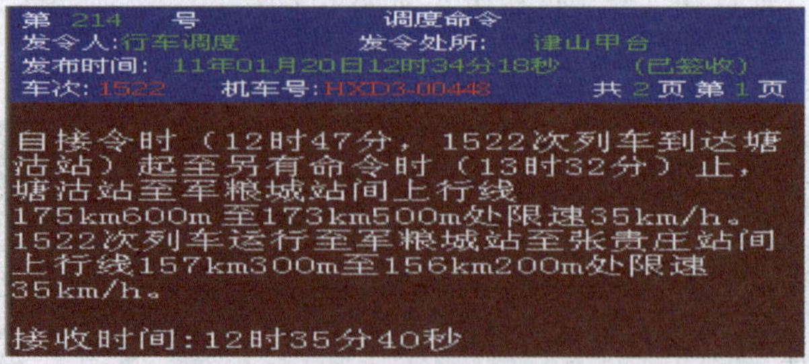

图 2-6　调度命令与进路预告签收

2. 如 450 手持电台或 G 网手持台也不能进行通话，司机应在前方站停车报告。

3. CIR 关机后再开机，如果不超过 1 h，开机后按关机前的状态进入 450 MHz 模式或 GSM-R 模式主界面；如果超过 1 h，开机后按 450 MHz 模式显示主界面。司机开机后应注意当前显示主界面的模式是否符合担当区段的使用模式。

第二节　LBJ 报警系统的应用

1. CIR 开机加电后，MMI 主界面安全预警显示区显示 LBJ 报警系统工作状态指示图标和“LBJ 已连接”字符提示。

2. 使用 LBJ 报警系统发出报警条件

(1)首先要正确选择线路，在沈阳局集团公司管内除高铁、客专线路外其他既有线路定义为“沈局线路”。

(2)使用报警条件：

①列车遇到线路塌方、道床冲空等危及行车安全的突发情况时。

②列车被迫停车可能妨碍邻线时。

③列车在区间被迫停车不能继续运行，需要防护时（机车故障常用制动停车时除外）。

④单机区停必须使用 LBJ 报警；单机区停是指自动闭塞区间单机运行紧急排风或使用紧急制动停车，或者停车时停在调谐区内。

3. 使用 LBJ 发出报警操作

列车当前速度为 0 时（列车处于停车状态），列车司机应持续按下 MMI【报警】键 3 s 以上，MMI 发出“按确认键发送报警信息”的语音提示，同时 MMI 显示屏显示

"按【确认】键发送报警信息,按【退出】键返回"和 8 s 倒计时提示信息。

在随后的 8 s 时间内,继续按下【确认/签收】键,LBJ 开始发送列车防护报警信息;如不按下【确认/签收】键,8 s 计时到,提示信息清除,退出列车防护报警发送启动状态;按【退出】键直接退出发送列车防护报警启动状态。

4. 发出及接受 LBJ 报警的 MMI 图标显示

(1)两个黄色的半空心圆表示 LBJ 未发送过列车防护报警信息,也未接收过报警信息,如图 2-7 所示。

图 2-7　LBJ 未发送及接收过报警信息

(2)一个黄色的上半实心圆和一个黄色的下空心圆表示 LBJ 已发送过列车防护报警信息,未接收过报警信息,如图 2-8 所示。

图 2-8　LBJ 已发送过报警信息,未接收过报警信息

(3)一个黄色的上半空心圆和一个黄色的下实心圆表示 LBJ 未发送过列车防护报警信息,但已接收过报警信息,如图 2-9 所示。

图 2-9　LBJ 未发送过报警信息,已接收过报警信息

(4)一个黄色的上半实心圆和一个黄色的下实心圆表示 LBJ 已发送过列车防护报警信息,也接收过报警信息,如图 2-10 所示。

图 2-10　LBJ 已发送过列车防护报警信息,也接收过报警信息

5. 接到 LBJ 报警处置

(1)运行中列车收到无线防护报警信息时司机须立即停车(万吨及百辆以上列车司机须使用常用制动停车),同时司机应认真查看 CIR 操作显示终端上显示的报警信息,向列车调度员(车站值班员)报告,按【确认】键确认收到信息,关断(自

动）报警语音提示。并按下述情况办理：

（2）停车后报警线路和地点与本列车运行线路相关、可能影响本列车运行安全时，不得擅自启动列车继续运行，按列车调度员（车站值班员）指示办理。

（3）停车后报警线路和地点与本列车运行线路无关时，列车可按正常速度继续运行。遇报警信息内容不完整或有疑问时，应及时联系本线列车调度员（车站值班员）确认后，方可继续运行。

第三节　GSM-R 工作模式操作方法

一、输入车次号并进行功能号注册

按【设置】键进入设置页面，选择“1、车次号功能号设置、注册”，输入车次号后，按【确认签收】键进入牵引任务选择页面，选择本/补后注册，如图 2-11 所示。

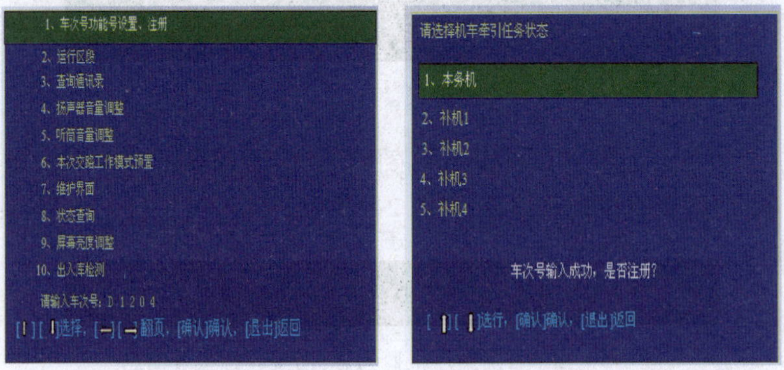

图 2-11　功能号注册

二、GSM-R 呼叫使用方法

1. 功能按键呼叫

在 GSM-R 主界面的最下端有八个按钮，对应屏幕下方的八个按键，按下相应的按键分别可以呼叫【调度】【前站】【本站】【后站】【车长】【邻站组呼】【站内组呼】。

注：只有在车次号注册成功后，【车长】键才为可用按键，前站、本站、后站在实际运行中根据 GPS 信息显示实际对应的站名。

例如：按【调度】键，屏幕下方状态栏提示“正在呼叫调度员……”，如果呼叫建立了,状态栏提示"↗调度员",摘机可直接通话。如果发起的是组呼,则需按 PTT 抢占成功才可以通话。直接挂机或按面板上的【挂断】键离开,GSM-R 主界面如图 2-12 所示。

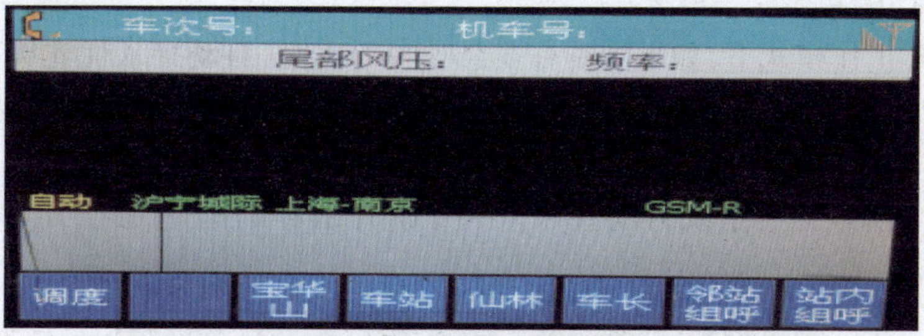

图 2-12 GSM-R 主界面

2. 功能号呼叫

(1)在 GSM-R 工作模式下,当 SIM 卡正确开户,本系统可以利用机车号功能号或车次号功能号进行呼叫,可以呼叫在网络覆盖范围内的所有已注册列车。

(2)在 GSMR 工作模式主界面下按数字键输入要呼叫的车次号与功能号,按【回格】键可删除输错的数字或字母,按【退出】键,退出输入回到初始状态。正确输入要呼叫的车次号功能号后,按【呼叫】键,发起呼叫,状态栏提示"正在呼叫×××……",如果呼叫建立,则状态栏提示"↗××× ",摘机可直接通话。

(3)拨号规则:车次号功能号 2+车次号+功能代码;机车号功能号 3+机车号(代码)+功能代码;如:呼叫车次号××××司机输入 2D××××呼叫车次号××××运转车长输入×××× 呼叫机车号 CRH3-××××司机输入××××。

3. ISDN 拨号呼叫

在 GSM-R 工作模式下,将 SIM 卡正确开户,本系统支持 GSM-R 拨号呼叫,可以呼叫 GSM-R 手机,固定电话及有相应功能的机车 CIR。在 GSM-R 工作模式主界面下直接按数字键可输入要呼叫的电话号码,按【回格】键可删除输错的数字或字母,按【退出】键,退出输入回到初始状态。正确输入要呼叫的电话号码,按【呼叫】键,发起呼叫,状态栏提示"正在呼叫×××××……",如果呼叫建立,则状态栏提示"↗×××××"。

4. 个呼呼入

收到 GSM-R 个呼呼叫,如扬声器会发出"嘟……嘟……" 重复振铃声,状态栏提示"×××××(电话号码)呼入……",或"××××次列车 ××××(功能号)呼入……",摘机后,状态栏显示" ↘××××(电话号码)""↘××××次列车 ××××(功能号)",摘机后，按 PPT 可以通话。收到 GSM-R 组呼呼叫，如扬声器会发出“嘟……”声后自动接通，此时在扬声器里可听到通话声，状态栏提示“↘××× 组呼 ”，摘机后，按 PTT 可以通话。

5. 多个电话呼入

GSM-R 工作模式下，如果同时有多个呼叫呼入时，自动接入优先级高的电话，其余电话处于守候状态，屏幕右下角会显示守候电话的数目，可利用【↑↓】键选择。再按【切换】键切换到所选电话，此时，其余电话处于守候状态，如果按【挂断】键则挂断当前电话 ，系统自动接入下一个优先级高的电话，多个电话呼入时如图 2-13 所示。

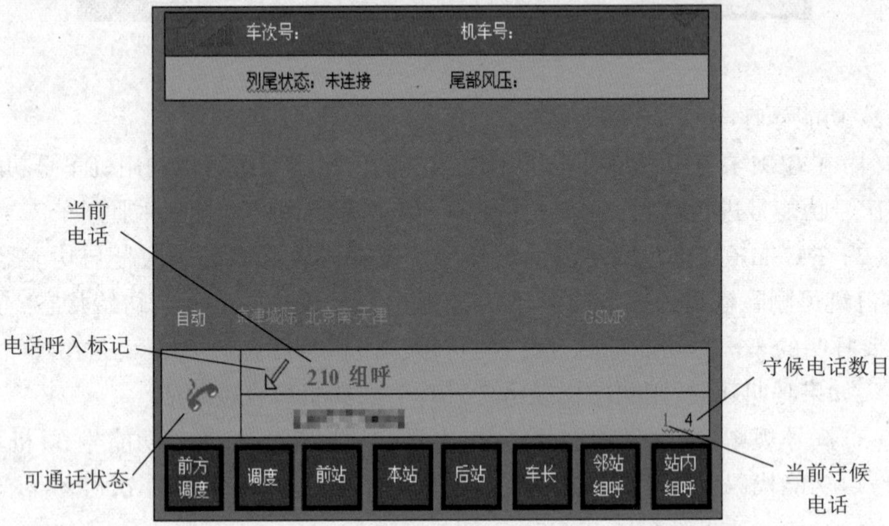

图 2-13　多个电话呼入

三、450M 模式使用方法

1. 呼出

在 GSM-R 工作模式主界面，可进入功能设置界面，手动切换进入 450 MHz 工作模式主界面，再发起 450 MHz 呼叫。

2. 呼入

如果收到 450 MHz 呼叫，“接收”灯变为绿灯，扬声器会发出“对方呼叫” 声，状态栏提示“××××(调度、隧道司机、隧道车站、平原司机、平原车站) 呼入……”，如果呼叫建立则自动接通到扬声器，状态栏显示“↙××××”，如果摘机，则接通到听筒里，按 PTT 可以说话。

四、接收调度命令

主机收到 CTC/TDCS 发来的调度命令,MMI 进入调度命令工作界面,屏幕显示调度命令内容及相关信息,如图 2-14 所示。

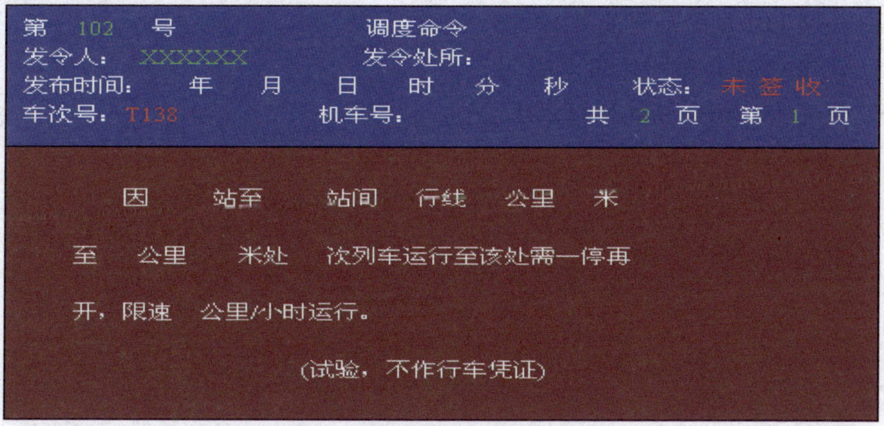

图 2-14　接收调度命令

五、查询调度命令

按控制面板上的【查询】键进入调度命令查询界面，按【↑】【↓】键移动绿色光带进行选择,按【确认签收】键选中。当选中“1、调度命令”或“2、行车凭证”“3、调车作业单”“4、进路预告”则显示最新十条命令,如图 2-15 所示。

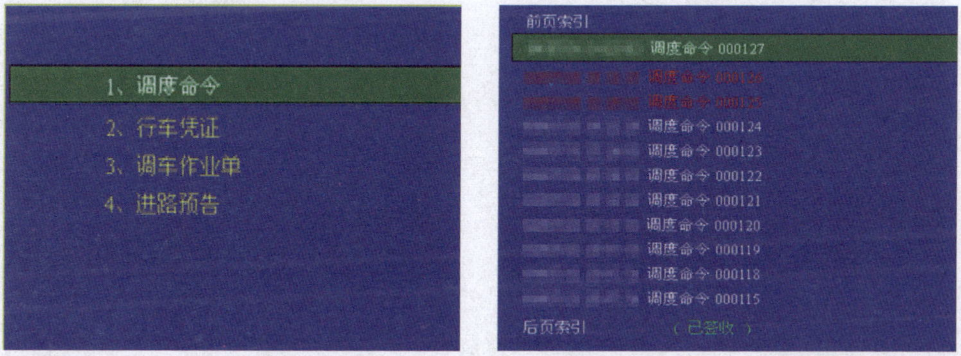

图 2-15　调度命令查询界面

(注:红色字体表示未签收的命令,白色字体表示此条命令已签收)

复习思考题

1. 试述 CIR 车次号注册与车次输入规范。
2. CIR 电台的应急故障处置有何规定？
3. 使用 LBJ 发出报警条件有何规定？
4. 接到 LBJ 报警如何处置？
5. 试述 GSM-R 呼叫使用方法。
6. 试述 450 MHz 模式使用方法。

第三章

列尾控制盒操作

知识目标

通过学习掌握列尾控制盒操作操作方法及注意事项。

能力目标

能熟练操作列尾设备,遇列尾设备故障能够正确处理,确保行车安全。

素质目标

树立严禁关机、正确操作安全理念。

第一节　800M 列尾控制盒使用方法

1. 开机

将行车设备柜主机开关及列尾控制盒侧面开关均至开位,确认列尾控制盒上电。

2. “一对一”关系建立方法

(1)司机得到车站列尾控制盒主机安装完毕的通知,按其【风压】键,听到回示语音:“×机车(8 位机车号码),风压×××(kPa)”,以及看到列尾控制盒列尾主机 ID 号码和“已连接”显示正确后,即完成“一对一”关系建立。

(2)司机听到列尾控制盒主机发送“×号(6 位列尾主机号码,下同)等待确认的提示语音时,核对列尾控制盒“列尾 ID” 栏闪烁显示的列尾主机号码无误,并确认列尾控制盒“工作状态”栏在“未连接”的状态下,按其【确认】键,即完成“一对一”关系建立。

3. 列尾控制盒各键使用功能

列尾各键如图 3-1 所示。

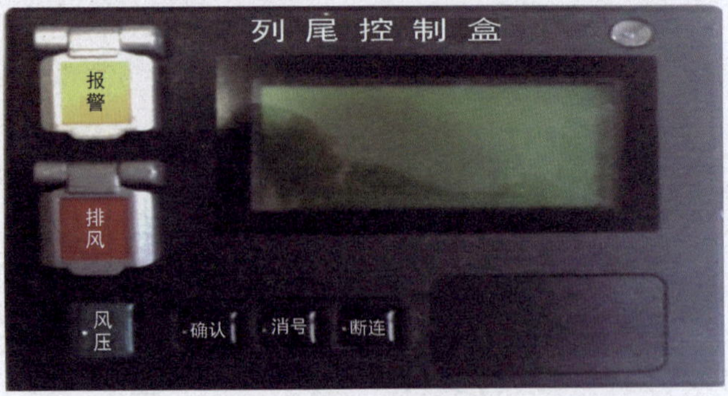

图 3-1　列尾各键

(1)【风压】键

设检充点的车站建立一对一关系时，按压【风压】键查询列尾风压，首次查询应核对显示屏显示的列尾 ID 号与通知的 ID 号是否一致。执行列尾“八必查”，使用【风压】键查询列尾风压。

(2)【确认】键

未设检充点车站建立一对一关系时，即：听到列尾主机发送“×号(6 位列尾主机号码)等待确认(请输号)”的提示语音时，核对列尾控制盒“列尾 ID”栏闪烁显示的列尾主机号码无误，并确认列尾控制盒“工作状态”栏在“未连接”的状态下时。

(3)【断连】键

列车终到后，确认已实施最大减压后，按压【断连】键，断开列尾连接。

(4)【销号】键

在无检充点车站由车站人员配合重新建立“一对一”关系时，以及区间请求救援需断开列尾连接时。

(5)【排风】键

列车运行中，司机发现列车制动不正常或判断列车折角塞门关闭时。

第二节　WTSJ-Ⅰ型列尾控制盒使用

1. 机车主机部分

HXD_{3B} 型机车安装一台主机，两端司机室分别设有一个列尾控制盒；HXD_2 型机车两节车分别安装有一台主机，两端司机室分别设有一个列尾控制盒如图 3-2 所示。

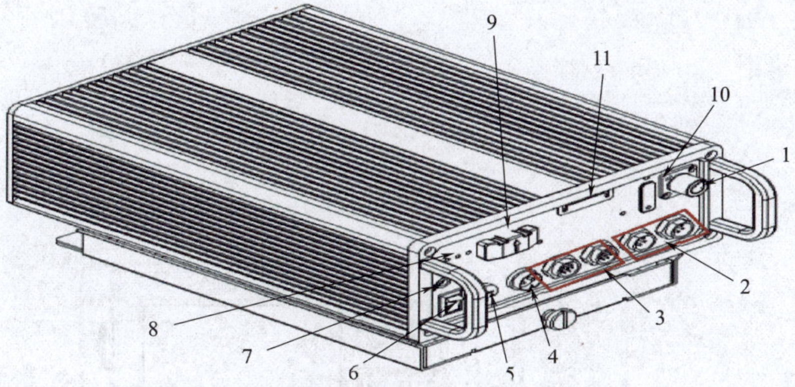

图 3-2　列尾控制盒

1—天线接口:连接机车天线;2—数据接口:预留;3—控制盒接口:通过 7 芯线与控制盒连接;
4—电源接口:供电;5—保险;6—电源开关:开→ON,关→OFF;7—接地接口:通过接地线与地连接;
8—指示灯;9—维护/下载口:下载机车数据及设备维护;10—USB 接口:机车台维护升级及数据下载。

其中,指示灯分为四种,分别为电源灯:电源红灯常亮。

GSM-R 灯:GSM-R 发送数据红灯闪烁,GSM-R 接收数据绿灯闪烁。

数字灯:数字信道机发送数据红灯闪烁,数字信道机接收数据绿灯闪烁。

数据灯:机车台向控制盒发送数据红灯闪烁,控制盒向机车台发送数据绿灯闪烁;下载机车台数据时,绿灯闪烁;下载机车台数据故障时,红灯闪烁;下载数据完毕后长灭。

2. 列尾控制盒操作

列尾控制盒如图 3-3 所示。

(1)开机

打开列尾机车台主机电源开关,主机和列尾控制盒上电开机,列尾控制盒显示开机界面。列尾机车台配置双列尾控制盒。在“未连接”状态下,开机后两个列尾控制盒均进入副控状态,按下【Fn】键 3 s 后向列尾机车台主机申请主控权,申请成功后进入主控状态。一端进入主控状态时,另一端自动进入副控状态。

(2)复位

按压【复位】键 3 s 以上,列尾机车台整机复位重启(包括列尾机车台主机和列尾控制盒)。复位之后显示屏显示“未连接”,重新按压【查询】键即可。

(3)建立连接

①在有列尾检充点的车站,按压【查询】键进行连接,连接成功后列尾控制盒液晶屏上显示状态为“已连接”,并显示当前风压。

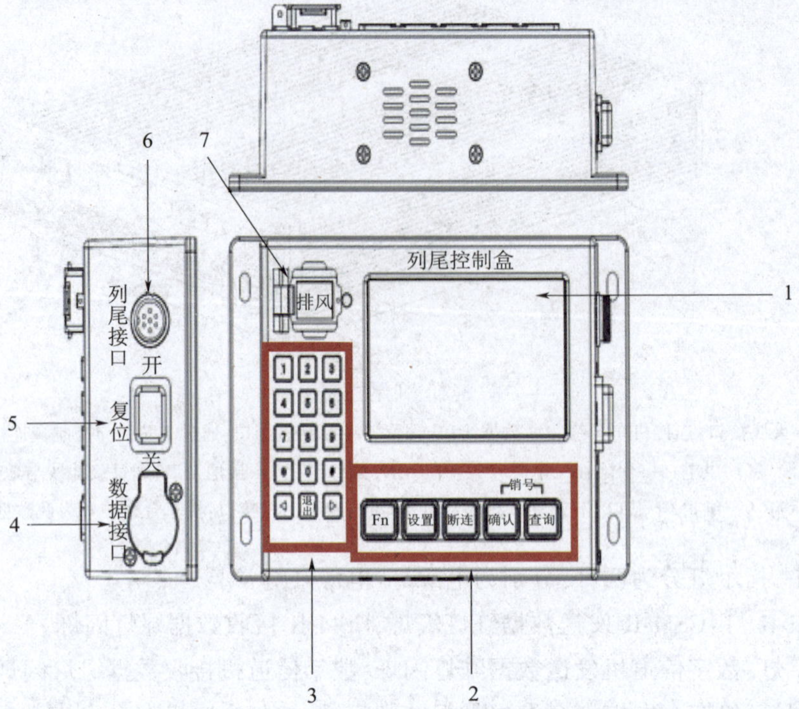

图 3-3　列尾控制盒

1—液晶屏；2—功能按键；3—数字按键；4—数据接口：列尾控制盒升级维护及数据下载口；5—复位开关；6—列尾接口：通过 7 芯电缆与列尾机车台连接；7—排风按键。

②按下列尾控制盒【确认】键进入手动输入列尾 ID 界面。通过数字键输入 6 位列尾 ID 后按下【确认】键确认。连接成功后列尾控制盒液晶屏上显示状态为“已连接”，并显示当前风压。

③中间站临时使用列尾控制盒时，收到列尾主机的输号请求后列尾控制盒语音提示“××××××列尾装置等待确认”，按压【确认】键，确认当前 ID 号正确后，再次按压【确认】键，连接成功后列尾控制盒液晶屏上显示状态为“已连接”，并显示当前风压。

4. 各功能键使用

(1)断连

需断连操作时，首先按压【断连】键，5 s 内再按压【确认】键（此组合操作需在 5 s 内完成）。断连成功后，列尾控制盒语音提示“断连成功”，列尾指令区显示“断连成功”，列尾状态显示“未连接”。

(2)销号

需销号操作时,同时按压【确认】键+【查询】键,销号成功后,列尾控制盒语音提示"××××机车,销号成功",列尾状态显示"未连接"。

(3)排风

按下列尾控制盒【排风】键3 s以上,列尾控制盒语音提示"××××机车,排风"。

注意:排风期间所有按键无效且按键无法打断语音提示!

第三节 列尾装置故障处理

1. 始发站列尾无法建立"一对一关系"或列尾建立"一对一关系"后查询不到风压如何处理

(1)确认列尾控制盒机车号、列尾主机ID号是否正确(HXD_2型电力机车关闭非操纵节控制盒及主机)。

(2)如列尾主机ID号与实际不符时,按压列尾控制盒上【断连】键后,重新按压【查询】键连接。

(3)立即通知车站进行处理。

2. 发现列尾风压与机车风压不一致时如何处理

(1)始发站发现列尾风压与机车风压不一致立即通知车站。

(2)运行中发现列尾风压与机车风压不一致应立即解除机车牵引力,使闸停车。

3. 运行中列尾查询不到风压如何处理

报告车站,持续查询,按调度员指挥办理。

4. 列尾故障情况下需要发车时怎么办

(1)通知车站,由车站人员组织进行简略试验。

(2)有检充点的车站:简略试验后开车,开车后继续查询,仍查询不到风压时报告车站,由调度员发布"列尾故障调度命令"。

(3)无检充点的车站:必须有"列尾故障调度命令"并进行简略试验后开车,开车后继续查询,如查询正常,报告车站,由列车调度员取消"列尾故障调度命令"。

第四节 列尾控制盒使用注意事项

1. 列车运行中严禁使用【断连】键。

2. 运行中严禁关闭或重启列尾控制盒。

复习思考题

1. 列尾控制盒【复位】键如何使用？
2. 列尾控制盒【风压】键如何使用？
3. 双模列尾开机方法是什么？
4. 列尾故障情况下需要发车时怎么办？

第四章

运统-1 操作

知识目标

通过学习掌握运统-1 操作方法及注意事项。

能力目标

能达到货运数据输入准确无误。

素质目标

树立遵守规章制度的责任意识，保证行车安全。

第一节　运统-1 电子移动作业终端操作

1. 出勤作业环节

运安系统出勤完毕→使用终端扫描出勤二维码登录。

如扫描登录失败，采取输入司机代码+人脸识别等方式登录。如人脸识别登录失败，则手动输入密码进行登录（密码为司机代号的最后四位数字）。登录后，核对、确认出勤信息，若出勤信息获取不成功或不完整，需手工补全相关信息。点击信息确认后进入“司机作业”页面，如图 4-1 所示。

2. 始发作业环节

（1）得到车站通知挂车股道及开行车次后，进入司机作业页面，确认车站、车次、股道准确无误后点击“接收”按钮，如图 4-2 所示。

（2）生成货运列车编组通知单（运统 1 乙），点击【签认】键，进入司机作业主界面，如图 4-3 所示。

3. 终到作业环节

机车乘务员无须进行运统-1 交付作业。

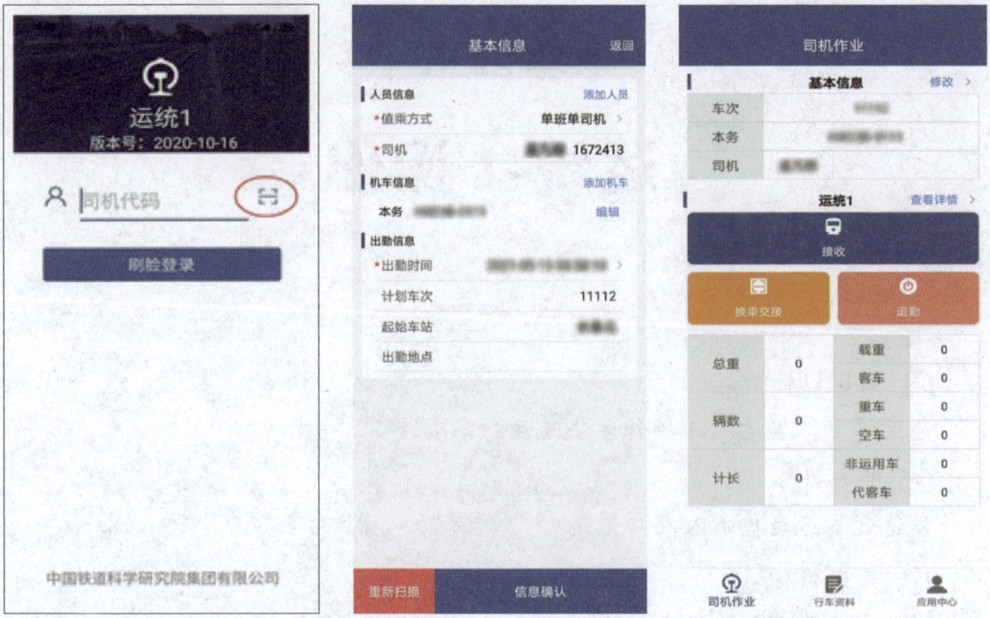

图 4-1　运统-1 电子移动作业终端

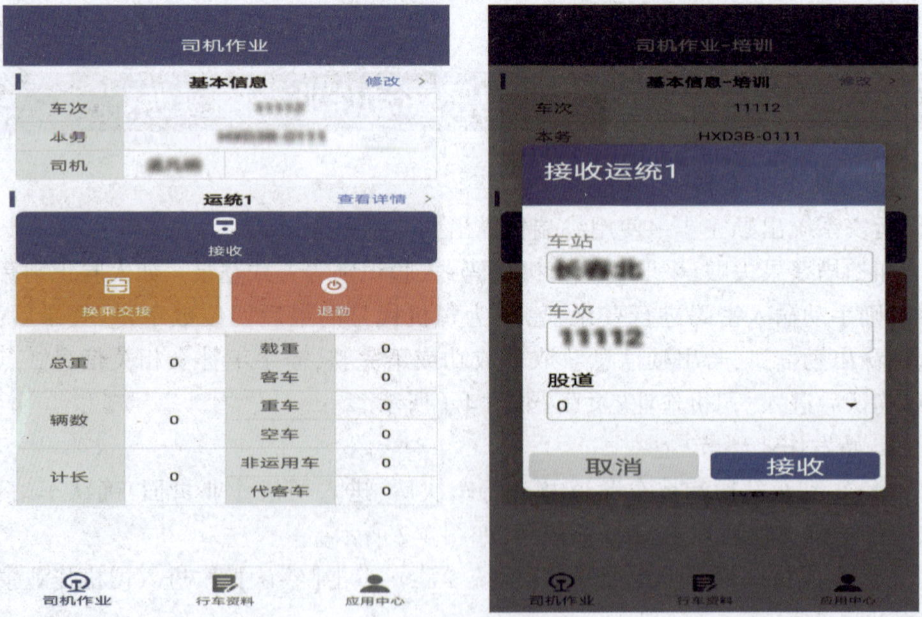

图 4-2　始发作业环节

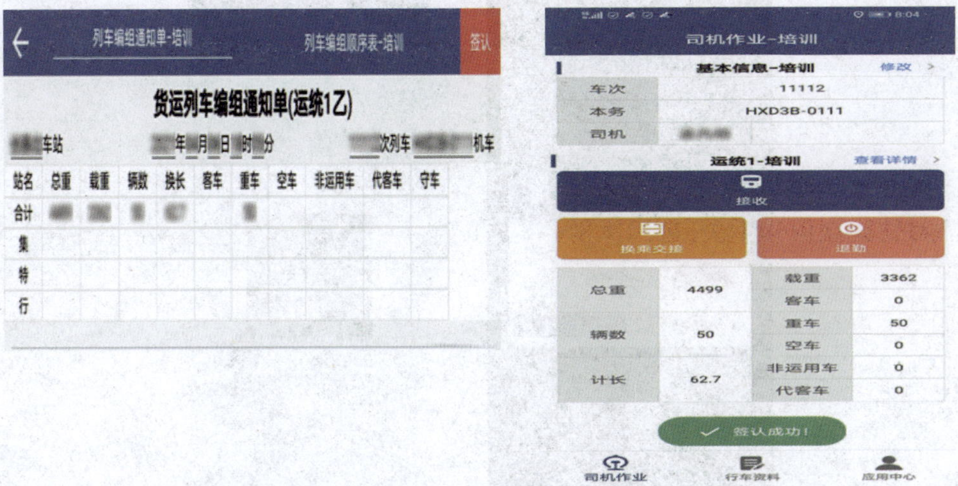

图 4-3 货运列车编组通知单与司机作业主界面

4. 换挂作业环节

(1)机车乘务员无须进行运统-1交付作业。

(2)接班司机点击“接收”按钮，确认车站、车次等信息无误后点击“签认”按钮进行运统-1签认(同始发作业操作方法一样)。

5. 换乘作业环节

(1)非对口换乘

接班司机点击“接收”按钮，确认车站、车次等信息接收运统-1，核对相关信息无误后进行点击“签认”按钮进行运统-1签认(同始发作业操作方法一样)。

(2)对口换乘

列车到达后，交班司机点击“交接”按钮，确认车站(车站定位信息无法自动识别或者识别不准确时，需要手工输入)，点击“生成”交接二维码。

接班司机点击“交接”按钮，扫描交班司机生成的交接二维码获取运统-1相关信息，核对无误点击“签认”按钮进行签认，如图4-4所示。

6. 摘挂作业环节

(1)机车乘务员无须进行运统-1交付作业。

(2)接班司机点击“接收”按钮，确认车站、车次等信息无误后点击“签认”按钮进行运统-1签认(同始发作业操作方法一样)。

7. 退勤作业环节

司机点击“退勤”按钮，扫描退勤二维码。核对相关信息，确认无误后点击右

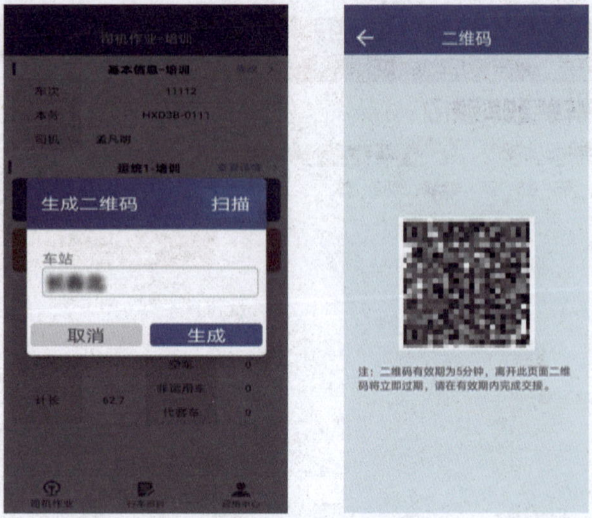

图 4-4　对口换乘

下角“退勤”按钮退出运统-1APP，如图 4-5 所示。

图 4-5　退勤作业

8. 重联作业环节

(1)本务机车乘务员在“基本信息”页面确认机车工作种别为本务。在“基本信息手工修改”页面“机车信息”栏添加重联机车，选择工作种别为“重联”、录入重联机车型号。确认重联机车信息正确后，确认修改，如图 4-6 所示。

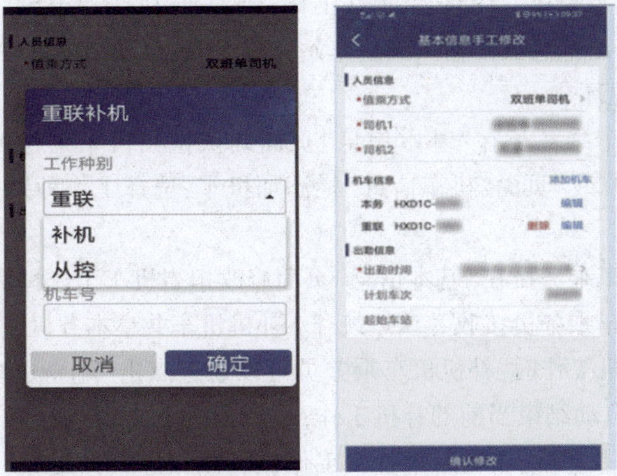

图 4-6　重联作业环节

(2)重联机车乘务员在“基本信息”页面修改担当机车工作种别为“重联”。重联司机确认修改后,生成重联司机操作界面,如图 4-7 所示。

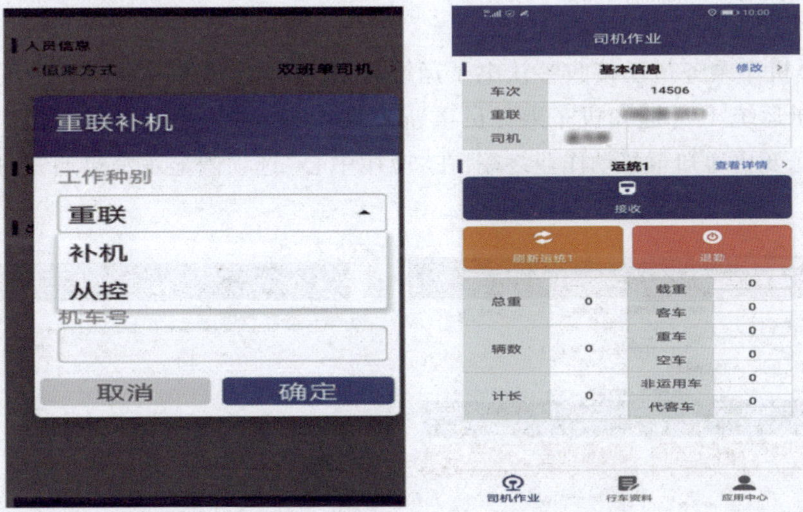

图 4-7　重联司机操作界面

(3)本务司机接收、签认运统-1,重联机车点击“刷新运统-1”按钮,共享本务机车的运统-1 信息。

(4)结束重联工作时,重联机车乘务员可以通过点击“刷新运统-1”按钮,接收新的重联任务,自动结束当前的重联工作;或者通过点击“接收”按钮,输入下一趟任务的起始车站及车次，自动结束重联工作；或者通过点击“退勤”按钮，扫描退勤二维码或者在退出信息页面输入到达车站完成退勤，自动结束重联工作。

9. 补机作业环节

(1) 本务机车乘务员在“基本信息”页面确认担当机车工作种别为本务。在“基本信息手工修改”页面“机车信息”栏添加机车，选择工作种别为“补机”，录入补机机车型号。

(2) 补机机车乘务员在“基本信息”页面修改担当机车工作种别为“补机”。

(3) 本务机车乘务员接收签认运统-1。补机机车共享本务机车的运统-1 信息。

(4) 结束补机工作时：补机机车乘务员可以通过点击“刷新运统-1”按钮，接收新的补机任务，自动结束当前的补机工作；或者通过点击“接收”按钮，输入下一趟任务的起始车站及车次，自动结束补机工作；或者通过点击“退勤”按钮，扫描退勤二维码或者在退出信息页面输入到达车站完成退勤，自动结束补机工作。

第二节　变更作业及注意事项

1. 变更运统-1 作业

(1) 机车乘务员已接收签认电子运统-1 后，车站需变更运统-1 内容时应重新发送电子运统-1，并通知机车乘务员重新接收签认运统-1。电子运统-1 信息平台自动发送变更通知至移动作业终端，在“应用中心”选项内显示消息通知，如图 4-8 所示。

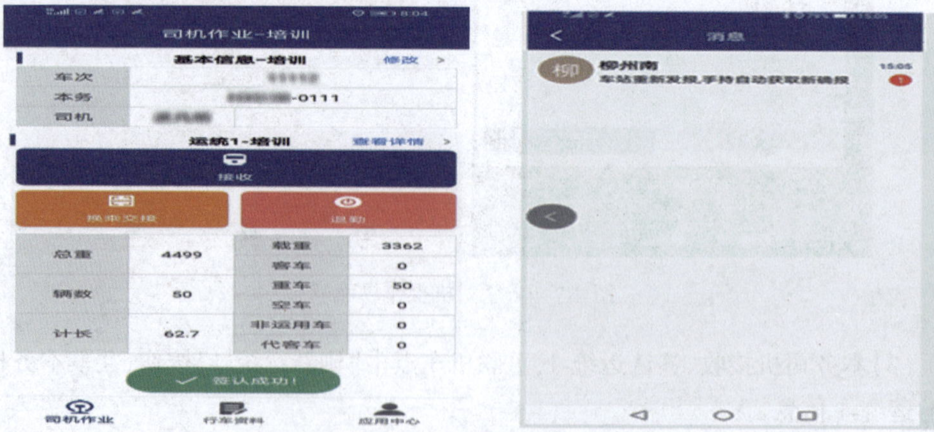

图 4-8　变更运统-1 作业

(2)机车乘务员查看运统-1变更通知,核对信息无误后确认变更。如果移动作业终端未收到运统-1变更通知时,机车乘务员可利用移动作业终端确认车站、车次重新接收运统-1,核对相关信息无误后进行签认。

2. 变更车次(因运行方向变化)作业

系统自动按TDCS运行线修正车次信息并向移动作业终端发送车次变更通知,司机可以查看变更通知(操作与变更运统-1作业相同)。

3. 注意事项

(1)严禁开启操作终端(手机)的WLAN(WIFI)功能。

(2)接收运统-1数据时,必须确认车站、车次、股道正确后,方可进行接收。

(3)对口交接时,交班乘务员操作系统生成的二维码有效时间只有5 min。

(4)"军用列车"采用纸质运统-1交递方式办理。

(5)退勤作业场景中"到达车站"为终到车站。

复习思考题

1. 非对口换乘时如何操作运统-1?
2. 对口换乘时如何操作运统-1?
3. 操作运统-1注意事项有哪些?

第五章

轴温报警装置

知识目标

通过学习掌握轴温报警装置操作方法及注意事项。

能力目标

提高运行中处置故障能力，保障运输通畅。

素质目标

树立严格按标准操作，锻炼故障判断能力。

轴温报警装置在机车运行中发生报警时，乘务员应本着“宁可错停、不可盲行、尽量不堵区间”和“敢停车、会停车”的原则开展应急处置工作。

一、超温报警

立即停车（停车位置应避开隧道、桥梁、分相区等不利于救援的地点），注意停车时尽量不使用大减压量或紧急制动。停车后使用点温工具确认报警轴位温度，并配合故障应急指导人员检查机车，执行处置方案。

二、温升报警

立即停车（停车位置应避开隧道、桥梁、分相区等不利于救援的地点），注意停车时尽量不使用大减压量或紧急制动。停车后使用点温工具确认报警轴位温度，并配合故障应急指导人员检查机车，执行处置方案。各车型走行部轴承温度报警门限值见表 5-1。

三、轴承、齿轮振动二级报警

立即进行后部瞭望，若无异常状况，运行至前方停车站停车检查；若出现烟雾、异声、异味等异状，立即停车检查处置（停车位置应避开隧道、桥梁、分相区等不利于救援的地点），注意停车时尽量不使用大减压量或紧急制动。

表 5-1　各车型走行部轴承温度报警门限值

车型	1 位	2 位	3 位	4 位	5 位	6 位	7 位
	温升、超温	温升、超温	温升、超温	温升、超温	温升、超温	温升、超温	温升、超温
HXD$_{2}$	55、90	80、120	55、90	55、90	55、90	55、90	无该测点
HXD$_{3B}$	55、90	无该测点	80、120	55、90	70、90	55、90	80、110
HXD$_{3C}$	55、90	55、90	55、90	55、90	55、90	55、90	无该测点
HXD$_{3D}$	55、90	80、110	80、120	80、120	55、90	55、90	无该测点
HXN$_{3}$	55、90	90（且同架同位温差超20）、120	80、110	55、90	55、100	55、90	无该测点
HNX$_{3B}$	55、90	80、120	80、110	55、90	55、90	55、90	无该测点
HXN$_{5}$（单端、双端）	55、90	90（且同架同位温差超20）、120	80、110	55、90	55、100	55、90	无该测点
DF$_{4D}$、DF$_{7G}$	55、90	55、90	55、90	55、90	55、90	55、90	无该测点
SS$_{9}$、SS$_{9G}$、DF$_{11}$、DF$_{4DK}$	55、90	55、90	55、90	55、90	55、90	无该测点	无该测点
DF$_{11G}$	55、90	55、95	40、90	55、95	55、90	无该测点	无该测点
FXD$_{1J}$	55、90	80、120	80、120	80、120	55、90	55、90	80、120

注：当温度报警门限值存在变化时，按最新标准执行。

停车后使用点温工具确认报警轴位温度，并配合故障应急指导人员检查机车，执行处置方案。

四、踏面振动二级报警

立即进行后部瞭望，若无异常状况，运行至前方停车站停车检查；若出现烟雾、异声、异味等异状，立即停车检查处置（停车位置应避开隧道、桥梁、分相区等不利于救援的地点），注意停车时尽量不使用大减压量或紧急制动。停车后检查报警位置踏面状态，若无擦伤、剥离到限等不良状况，则继续担当当趟牵引任务；若检查存在擦伤、剥离到限等不良状况，配合故障应急指导人员检查机车，执行处置方案。

五、轴承、齿轮、踏面振动一级报警

立即进行后部瞭望,若无异常状况,继续运行;若出现烟雾异声、异味等异状,立即停车检查处置(停车位置应避开隧道、桥梁、分相区等不利于救援的地点),注意停车时尽量不使用大减压量或紧急制动。停车后使用点温工具确认报警轴位温度,并配合故障应急指导人员检查机车,执行处置方案。

六、轴报装置设备故障

发生传感器故障、前置处理器故障等轴报装置设备自身故障,机车可正常运行。

七、接乘相关要求

乘务员在继乘站接车时发现机车存在报警信息,按照上述要求办理。

复习思考题

1. 超温报警时如何处理?
2. 轴承、齿轮、踏面振动一级报警时如何处理?

第六章

机车车载安全防护(6A)系统的功能及使用

知识目标

通过学习掌握机车 6A 系统的功能及使用操作方法及注意事项。

能力目标

能熟练掌握各安全系统防护功能,严格执行操作规范。

素质目标

树立安全理念,提高处置能力。

第一节　6A 各监测子系统

一、机车空气制动安全监测子系统(ABDR)

机车空气制动安全监测子系统由制动监测板卡(AB)、列车管压力传感器、停放缸压力传感器和均衡缸压力传感器组成。

当列车运行中,制动监测板卡从 CAN 总线获取速度和停放制动模块状态等信息,如果监测到停放施加非正常施加或者列车折角塞门关闭,则及时报警。

1. 停放制动非正常施加监测

在制动安全监测子系统中承担停放制动非正常施加监测功能的独立模块,由制动监测主板、压力变送器、连接器和线缆组成。

结合车载微机系统提供或触点传递的“弹停制动阀被隔离”信息,监测机车运行过程中停放制动非正常施加状态，并发送给中央处理平台，报警“停放制动异常施加”，如图 6-1 所示。

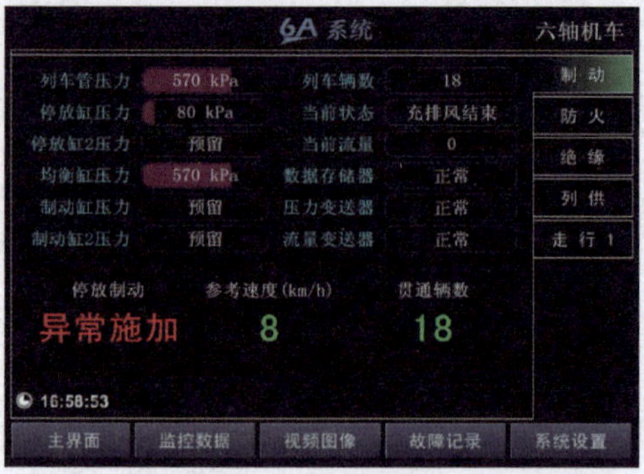

图 6-1　停放制动异常施加

机车速度大于 5 km/h，停放缸压力小于 370 kPa，制动监测界面报告停放制动异常施加。

机车速度降为 0，制动监测界面停放制动异常施加报警解除如图 6-2 所示。

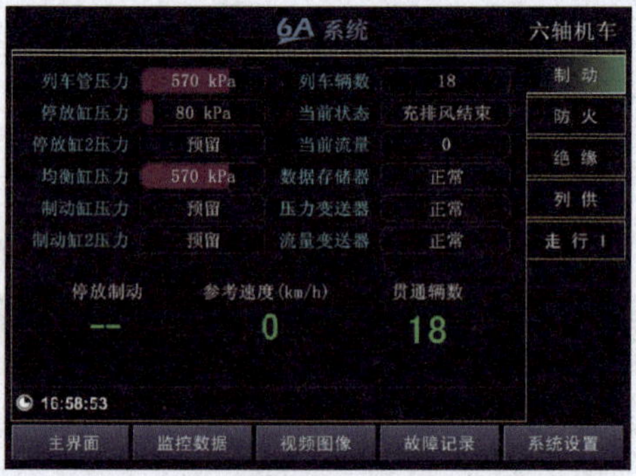

图 6-2　制动监测界面停放制动异常施加报警解除

机车运行状态下，司机严禁切除停放缸塞门（例如 CCB Ⅱ 的 B40. 06）。

6A 系统的停放制动监测报警提示使得机务段加强了这方面的管理，对机车制动方面的安全运用起到了重要监督作用。

2. 折角塞门关闭监测

在制动安全监测子系统中承担折角塞门关闭监测功能的独立模块，由制动折角塞门关闭监测子板、流量变送器、压力变送器、连接器和线缆组成。

流量变送器安装在列车制动管上，在列车管主管路直管段，如图 6-3 所示。

列车管折角塞门关闭监测：通过实时检测充排风过程中列车管压力与流量变

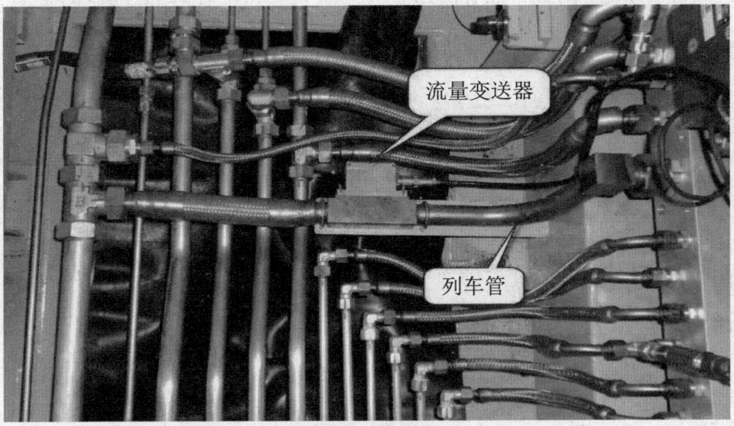

图 6-3 流量变送器

化数据,计算出列车的贯通辆数,实现列车管贯通状态的自动监测,原理如图 6-4 所示。

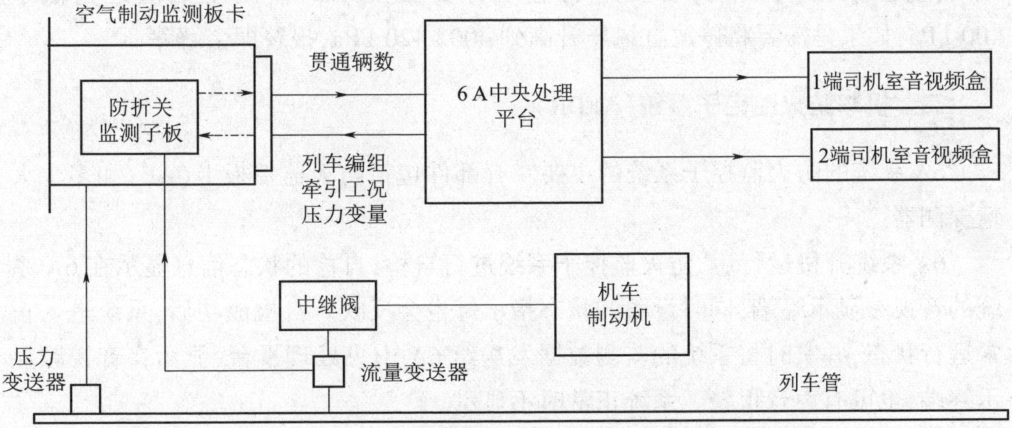

图 6-4 列车管折角塞门关闭监测原理

当列车制动管充、排风结束时,随即计算并通过 6A 系统的显示终端及时显示出列车贯通辆数 “××”辆,提示列车司机观察确认,防止因折角塞门意外关闭所引发的事故,避免造成重大损失。

结束后,检测列车贯通辆数,发现折角塞门关闭后,将报警信息发送给中央处理平台,应符合以下标准:

发生折角塞门关闭的车辆顺位在 20 辆(含)以下时,误差不超过 5 辆。

发生折角塞门关闭的车辆顺位在 20 辆以上时,提供列车贯通信息。

贯通辆数语音提示报警：列车编组在 5 辆(含)以上，机后贯通辆数小于全列编组的 1/2 时，音视频显示终端语音提示“注意贯通辆数”。

挂有车辆后，乘务员在站或运行途中进行充排风时操作时报警，需密切关注此次报警，必要时须停车确认折角塞门状态，防止意外事故发生。

3. 报警处理

(1) Ⅰ级报警及处理

制动监测子系统报列车管、停放缸、均衡缸传感器故障为Ⅰ级报警，6A 系统的音视频显示终端主界面会进行报警提示。不会影响机车正常运行，不需要司乘人员进行任何干预，机车运行完交路回到库内时，通知相关人员进行传感器更换即可。

(2) Ⅱ级报警及处理

制动监测子系统报停放制动异常施加故障为Ⅱ级报警，6A 系统的音视频显示终端主界面会进行报警提示。此时需要司乘人员进行查看 6A 系统音视频显示终端的【监控数据】【制动】界面进行查看停放缸显示的监测压力值是否低于 400 kPa，如果是需要将停放缸风压升高到 400~420 kPa，报警即会解除。

二、机车防火监控子系统(AFDR)

6A 系统的防火监控子系统的主要专有部件包括防火监控板卡(AF)和多个火情探测器。

6A 系统开机运行后，防火监控子系统进行自检，自检的状态信息显示在 6A 系统的音视频显示终端，同时设备的状态指示灯也会反映。自检成功后，系统进入正常运行状态，并实时将系统的监测数据发送给 6A 中央处理平台，显示在音视频显示终端，也可有声音报警。系统正常时不显示。

1. 机车防火监控子系统功用

(1)火灾探头感应烟雾、热量、光等物理量，当超过限值时，发出火灾报警信息。

(2)当发出火灾报警时，通知中央处理平台，由中央处理平台在音视频显示终端上自动切换至火情发生区域的视频图像。

(3)对火灾探头开路、短路故障/防火监控板卡硬件故障进行自检。

2. 防误报措施

各型探测器均需采用智能探测器，并针对机车特殊环境采取如下的措施防止误报警：

(1)采用多探测器综合监测技术，在特定的区域内发生火警时，已安装多种探测器的防护区域,考虑利用同时报警减小单一探测器误报的影响。

(2)采用温度变化率和温差的智能处理,克服柴油机间高温环境对火灾探测器的影响。

(3)采用数字滤波、延时处理等措施实现触点拉弧与火灾的特征区分。

(4)采用数字滤波、延时处理等措施实现防日光、雷电光等外界光干扰。

3. 火警处理

当火灾系统报火警时,6A 中央控制平台会联动视频监系统,并显示报警区域视频;如没有真实火警,6A 中央监视平台中“系统设置”-“防火报警系统复位”进行系统复位;如发生火情,按国铁集团和铁路局集团公司机车火情处理方案处理。

三、机车高压绝缘检测子系统(AGDR)

机车高压绝缘检测箱位于 6A 箱里电源箱的最右侧,如图 6-5 所示。用于对机车高压绝缘状态确认,记录高压绝缘测试数据 ,防止盲目升弓而引起接触网烧损 。

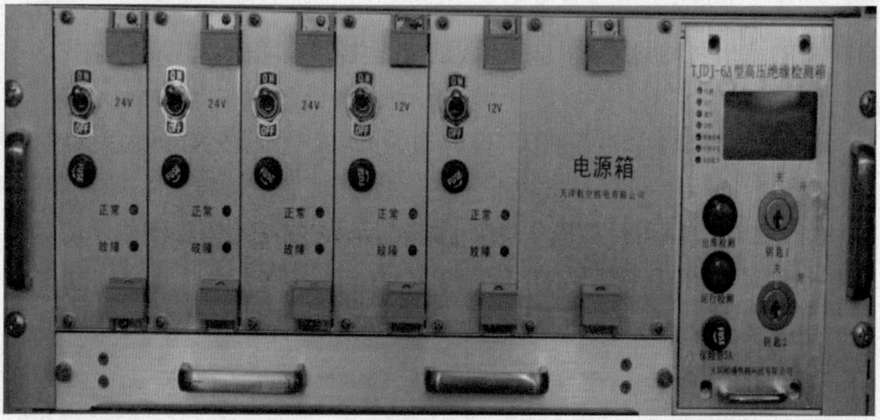

图 6-5　机车高压绝缘检测箱

1. 车顶绝缘检测的功能

(1)检测机车高压部件的绝缘状态。

(2)具备设备自身的短路保护;有网压时自动锁闭检测功能;升弓状态下自动锁闭检测功能;系统配备钥匙开关,控制系统检测功能的启动。

(3)自动检测装置本身的测试功能,自检时间不大于 30 s。

2. 高压绝缘检测箱的使用

(1)首先确认处于安全操作状态

高压绝缘检测装置操作时会在车顶受电弓部分加载 25 kV 的试验高电压,所以操作前必须确认处于安全操作状态，即无论处于库内还是在线运用，必须确认机车处于降弓停车、主断路器断开、高压连接器连接状态，并必须确认机车车顶无人操作并锁闭车顶门。

(2)开机自检

将机车蓝钥匙插入绝缘检测功率箱前面板的钥匙孔，顺时针方向旋转，打开电源。

自检指示灯闪烁，表示正在自检，以确定本装置是否能正常工作。

10 s 后自检完成，如果装置功能正常、此时外网无电且无电钥匙信号输入，将显示“自检成功”，同时自检指示灯熄灭，只有在此状态下才能进行机车车顶绝缘检测。

如果装置功能不正常，或者此时外网有电，或者有电钥匙信号输入，将显示“系统自检故障：功率模块故障”或“外网有电”或“电钥匙开”。同时相应的指示灯常亮，在此状态下不能进行机车车顶绝缘检测，直到排除联锁故障后方可进行下一步。

自检后的结果将通过 CAN 总线传送给 6A 中央处理平台。

(3)绝缘检测

当满足绝缘检测启动的条件（自检成功、外网无电、机车电钥匙关）时，按住绝缘检测功率箱前面板上的“出库检测”或“运行检测”按钮，2 s 后将启动绝缘检测，显示“出库检测中”或“运行检测中”，如图 6-6 所示，同时绝缘检测指示灯闪烁。此时界面上将实时显示当前输出的电压及模式。

出库检测中……
检测电压：20.9 kV（不断刷新）
绝缘状态：（检测结束后显示）

（a）检测中

出库检测完毕
检测电压：24.9 kV
绝缘状态：正常

（b）监测结果

图 6-6　绝缘检测

30 s 后，绝缘检测完成，显示“出库检测完毕”。此时“绝缘状态”栏显示当前机车车顶的高压绝缘状态，如果为“正常”说明此时机车车顶绝缘状况良好，同时绝缘检测指示灯熄灭，可以升弓；如果为“报警”，则机车车顶高压绝缘性能下降，此时绝缘检测指示灯常亮并发出报警声，应当进行相应的处理后才能升弓。

绝缘检测中及检测完成时的数据将通过 CAN 总线实时传送给 6A 中央处理平台，6A 中央处理平台对绝缘检测结果进行保存。

测试完毕后将蓝钥匙打至关位并取下蓝钥匙,检测装置此时处于断电状态。

3. 参数设置

"出库检测"和"运行检测"按钮主要是为了在进行绝缘检测时使用不同的绝缘判断临界值来对机车车顶的高压绝缘状况进行判断。绝缘判断临界值可以通过音视频显示终端和中央处理平台对其进行设置。

车顶绝缘检测设备的自身故障为1级,车顶绝缘状态报警为3级,绝缘报警门限值:

机车出库时检测电压≥19 kV。

线路运行时检测电压为10~15 kV。

具体的门限值由各铁路局集团公司根据机车运行区段、气候条件、使用经验自行确定。

4. 高压绝缘检测说明

高压绝缘检测说明见表6-1。

表6-1 高压绝缘检测说明

检测频率	1. 发生弓网故障或车顶高压设备故障,按程序在对故障检查处理后,必须进行车顶绝缘检测。 2. 途中发生接触网跳闸、停电或机车网压为零,停车检查处理后,必须进行车顶绝缘检测。 3. 车顶高压设备缠绕异物,在清除异物或采取高压隔离相应端受电弓后,必须进行车顶绝缘检测。 4. 库内停留机车在首次升弓前,必须进行车顶绝缘检测。 5. 对电力机车车顶进行检修、检测后的机车在转入有电区前,必须进行车顶绝缘检测
环境要求	打雷、闪电等极端恶劣天气,不进行检测
检测要求	机车电钥匙处于断开或拔出状态。 机车顶部及地沟无人,天窗处于关闭状态
检测方法	将控制气路柜上的蓝钥匙插入6A系统主机—绝缘检测板卡钥匙孔中,打到开位。 按"出库检测"按钮,板卡屏幕会显示检测电压及结果。 检测完毕后,将蓝钥匙打到关位,并拔出,放回原位
异常及报警处理	如遇到异常或绝缘报警,请将蓝钥匙打到关位,至少5 s后再重新将蓝钥匙打至"开"位,按照测试要求重新进行检测,以便确认检测结果;如最终确认绝缘低于报警值,绝缘检测装置处于报警状态,此时不得升弓。 由于不同的车型运用于不同的环境,随着运用的深入,可根据实际运用调整报警值以适应不同的机车及运用环境

四、机车列车供电监测子系统(APDR)

列车供电监测子系统包括AP板卡和漏电流监测模块。AP fa板卡通过485

通信线与列车供电控制柜及漏电流检测模块通信，获得列车供电柜的电压、电流信息，客车集控信号、供电钥匙等信息以及系统的漏电流值等信息后，与中央处理平台(CPP)提供的客车车次、机车号、机车所处地理位置等信息融合，产生系统级的列供诊断信息发送给中央处理平台，为机车列供柜的运行、检修提供参考依据。

1. 机车列车供电监测子系统功用

(1)接地诊断(漏电流检测)。

(2)对机车及后部列车供电状态进行监测，如图 6-7 所示。

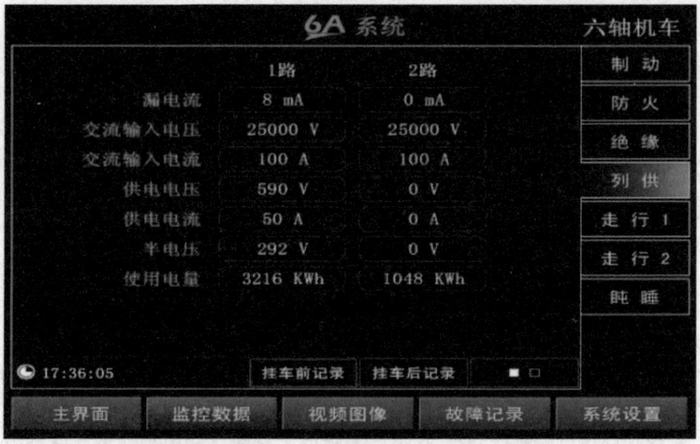

图 6-7 监测机车及后部列车供电状态

(3)列车供电状态及故障记录，如图 6-8 所示。

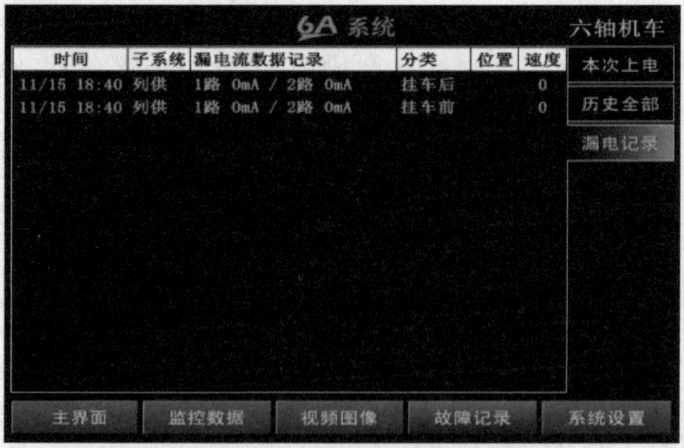

图 6-8 列车供电状态及故障记录

可在机车出库、挂车、运行过程中对列车供电状态进行实时监测,实现列车供电系统故障分析。

2. 报警处理

(1) Ⅰ级报警及处理

Ⅰ级报警包括:"1 路列供柜通信故障""1 路漏电流模块通信故障""1 路网压异常""1 路直流过压""1 路直流过流"等。

Ⅰ级故障不需要人工干预,一般都可以自动恢复。发生故障后机车还可以正常运行。回库内再进行检修。

(2) Ⅱ级报警及处理

Ⅱ级报警需要人工干预处理。一般司机处理后机车可以继续运行。

Ⅱ级报警包括以下几类:

①"风机联锁故障"

发生后,看风机联锁开关是不是已经跳开,合上开关即可。

②"隔离闸刀 1 断开"

发生后,合上供电柜隔离闸刀 1 即可。

③"1 路隔离闸刀 2 断开"

发生后,合上供电柜隔离闸刀 2 即可。

④"1 路集控信号异常"

发生后,把集控开关打到隔离位即可。

⑤"1 路正线接地"

发生后,把接地开关打到隔离位即可。

⑥"1 路负线接地"

发生后,把接地开关打到隔离位即可。

如果人工处理后故障仍存在,如果只有一路供电故障,客车减少用电功率,可以运行,回机务段后检修。如果两路供电都故障,则请求救援或到就近的机务段更换机车。

(3) Ⅲ级报警及处理

Ⅲ级报警包括"过热保护""交流侧断路""交流接触器故障""快熔断开"。

发生Ⅲ级故障后,列供无法正常工作,系统发出Ⅲ级报警。如果只有一路供电供故障,客车减少用电功率,仍然可以运行,回机务段后检修。如果两路供电柜均故障要到附近的机务段更换机车。

五、机车走行部故障监测子系统(ATDR)

1. 走行部故障监测子系统 1

走行部故障监测子系统 1 由走行部监测板卡、数据前置处理器、传感器等部分组成。

走行部故障监测子系统 1 通过传感器采集轴承温度与振动冲击数据、齿轮与踏面振动冲击数据、机车车轴转速数据传输至走行部监测板卡，对数据进行诊断分析，并将诊断结果和过程数据通过 CAN 总线传送至中央处理平台。通过检测走行部轴箱轴承、电机轴承和踏面的早期故障，以降低走行部事故的发生。

走行部故障监测子系统界面如图 6-9 所示。

图 6-9 走行部故障监测子系统界面

(1)故障预警及处理

对达到"冲击诊断标准"预警标准的零件(轴承内环、滚动体、外环的滚动工作面，齿轮的啮合状态，车轮的踏面)故障(初期故障)，6A 系统不进行任何实时预警提示，音视频显示终端将不进行显示。

当 6A 系统监测数据导入到 6A 地面专家系统后，进行故障预警分析。相关人员可按照地面专家系统的报警提示情况，关注故障部件和指导地面检修。

(2) Ⅰ级故障报警及处理

当发生达到"冲击诊断标准" Ⅰ级报警标准的零件(轴承内环、滚动体、外环的滚动工作面，齿轮的啮合状态，车轮的踏面)故障(较大故障)，6A 系统音视频显示终端的主界面提示"轴 Ⅰ"状态报警，提醒司乘人员关注故障部件，但不影响正常行车。

当 6A 系统监测数据导入到 6A 地面专家系统后，进行故障预警分析。相关人员可按照报警提示情况,引导关注故障部件和指导地面检修,排除部件故障。

(3)Ⅱ级故障报警及处理

对于达到“冲击诊断标准”Ⅱ级报警标准的零件(轴承内环、滚动体、外环的滚动工作面,齿轮的啮合状态,车轮的踏面)故障(严重故障),6A 系统音视频显示终端进行严重警告级报警,主界面提示“轴Ⅱ”“齿Ⅱ”或“踏Ⅱ”状态报警。

对于轴位的温度达到严重警告,超温、温升达到或超过标准值,6A 系统音视频显示终端进行严重警告级报警,【监控数据】【走行 1】界面显示当前异常温度值。

当发生Ⅱ级故障报警时,司乘人员必须采取相关处理措施,甚至中途停车;相关数据信息导入到 6A 地面专家系统后,相关人员可按照报警提示情况,引导关注故障部件和指导地面检修,必须排除部件故障。

2. 走行部故障监测子系统 2

走行部故障监测子系统 2 由走行部监测板卡 2、接线盒、传感器、连接线缆等部分组成。

走行部故障监测子系统 2 通过传感器采集机车振动加速度数据,将采集数据传输至走行部监测板卡 2(AT2),走行部监测板卡 2 进行诊断分析后,将诊断结果和过程数据通过 6A 系统主机内部总线传送至 6A 系统的中央处理单元。

目前走行部故障监测子系统 2 只有一级报警。

走行部故障监测子系统 2 报一端车体传感器故障、一端构架传感器故障、二端车体传感器故障、二端构架传感器故障时,6A 系统音视频显示终端的主界面和【监控数据】【走行 2】界面都会显示。此报警属于Ⅰ级报警,不会对机车的正常运用产生影响,不需要司乘人员进行任何干预,机车运行完交路回到库内时,通知相关人员进行传感器更换即可。

走行部故障监测子系统 2 报一端车体传感器开路、一端构架传感器开路、二端车体传感器开路、二端构架传感器开路时,6A 系统音视频显示终端的主界面和【监控数据】【走行 2】界面都会显示。此报警属于Ⅰ级报警,不会对机车的正常运用产生影响,不需要司乘人员进行任何干预,机车运行完交路回到库内时,通知相关人员进行检查和排除故障即可。

六、机车自动视频监控及记录子系统(AVDR)

视频监控子系统由多个摄像头、视频采集板卡(AV1、AV2)、视频处理板卡(AV3)组成。

摄像头采集视频后,输出复合视频信号。将复合视频信号传送给视频采集板卡,视频采集板卡对输入的信号进行数字化、压缩编码,然后将视频信号通过以太网传输给视频处理板卡,进行报警信息和公共信息与视频图像的叠加,并保存在视频处理板卡的硬盘中。同时,视频处理板卡通过以太网接收 6A 系统中央处理平台(CPP)的命令(火情联动),发送视频图像给显示屏进行显示,如图 6-10 所示。

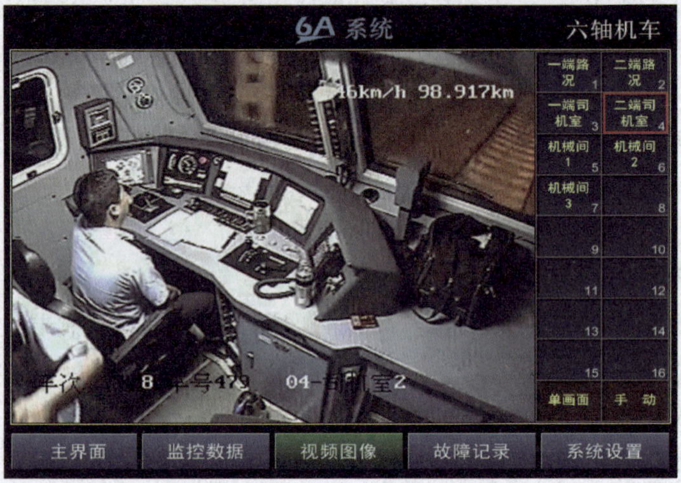

图 6-10 显示屏显示视频图像

视频监测子系统的功用:

1. 实时采集相关监控部位的视频图像。

2. 视频图像上叠加监测部位、车次、机车号、时间、公里标、速度和报警信息。

3. 响应中央处理平台的命令,向平台发送报警事件相关的视频图片。

4. 当防火监控子系统发现火情时,自动切换至火情发生区域的视频图像。

5. 视频子系统自身具备视频图像存储能力,能够实时存储视频图像和报警信息,时间最短不少于 10 天。视频存储采用滚动方式,当占用的存盘空间达到上限时,自动覆盖早期的视频数据。

6. 提供下面三种下载方式:

(1)通过在视频处理板卡面板上插入的 USB 移动存储设备下载。视频数据的下载范围由中央处理平台预先设置(例如 1 天、3 天、5 天、10 天等),缺省设置为 1 天。

(2)通过视频处理板卡面板上的以太网接口,用专用下载软件下载,可设置下载范围。

(3)通过直接拔出存储单元的方式,获取整个存储数据。

7. 根据监控位置、时间、事件信息等对历史视频图像进行回放。在视频回放过程中,能快进、快退和暂停。

8. 实时监测摄像头、板卡硬件故障状态。

视频监控子系统只报摄像头故障,属于Ⅰ级报警,6A 系统的音视频显示终端主界面会出现文字和语音报警。不会影响机车正常运行,不需要司乘人员进行任何干预,机车运行完交路回到库内时,通知相关人员进行摄像头更换即可。

第二节 6A 系统操作说明

一、操作说明

1. 司机上车后,将 6A 系统上电。

2. 司机台左侧的音视频显示终端会启动,并进入 6A 系统界面。

3. 用手指先点击一下屏幕,会在屏幕的下方显示操作界面按钮。此时可选择下列任意项操作:

点击【监控数据】—【制动】按钮,显示速度值和风管压力值。

点击【监控数据】—【防火】按钮,显示传感器和火灾报警。

点击【监控数据】—【绝缘】按钮,检测时显示检测电压值。

点击【监控数据】—【列供】按钮,显示列供状态及电压电流值。

点击【监控数据】—【走行 1】按钮,显示所有轴位的温度值。

点击【监控数据】—【走行 2】按钮,显示速度、晃动和冲动值。

点击【监控数据】—【盹睡】按钮,显示摄像头启动位置。

点击【视频监控】显示各个通道的视频图像。

点击【故障记录】—【本次上电】按钮,显示本次开电后发生的故障信息。

点击【故障记录】—【历史故障】按钮,显示历史曾经发生的故障信息。

二、附加说明

1. 6A 系统的任何报警都不会控车。

2. 机车运行途中 6A 系统必须全程运转,不得擅自关机。

3. 6A 系统记录数据分为中央处理平台记录数据和视频数据。中央处理平台记录数据包括机车运行基本信息、各监测子系统的事件数据和故障报警、部分子系统的过程数据。视频数据是自动视频监控及记录子系统保存的视频图像。

4. 6A 系统产生的记录数据是机车设备质量分析的重要依据之一，任何单位和个人均不得破坏。机务段专职技术人员负责 6A 系统记录数据的管理，并督促做好记录数据的下载、分析，对发生事故或有特定要求的 6A 系统记录数据进行专题分析。

5. 6A 系统中央处理平台记录数据在每次机车回段整备时全部下载；视频数据按照运用分析的需要（如发生机车设备故障、安全报警时）随时下载。数据下载须确保管理范围内的机车运行交路全程记录数据文件的完整。

6. 6A 系统数据下载到地面后，由机务段负责导入机务段 6A 系统数据服务器保存、分析、汇总、上传。机务段应对每趟机车运行 6A 系统中央处理平台记录数据进行分析，掌握系统运行情况，发现并消除设备隐患。

机务段保存的 6A 系统中央处理平台记录数据时间不得少于 1 年；视频数据视具体情况，由机务段自行确定保存时限。对发生事故或有特定要求的数据，保存时间不得少于 2 年。

复习思考题

司机上车后如何操作 6A 系统？

第七章

副司机实作鉴定

知识目标

通过学习掌握副司机岗位实作技能及安全注意事项。

能力目标

能熟练掌握各项实作技能，确保行车安全。

素质目标

树立安全提效思想，锻炼动手能力，认真执行作业标准。

第一节　防护(消防)用品使用方法

一、响墩使用规定与方法

1. 放置响墩的规定

(1)已请求救援时，从救援列车开来方面(不明时，从列车前后两方面)，距离列车不小于 300 m 处防护。

(2)一切电话中断后发出的列车(持有附件 3 通知书 1 的列车除外)，应于停车后，立即从列车后方按线路最大速度等级规定的列车紧急制动距离位置处防护。

(3)对于邻线上妨碍行车地点，应从两方面按线路最大速度等级规定的列车紧急制动距离位置处防护，如确知列车开来方向时，仅对来车方面防护。

(4)列车分部运行，机车进入区间挂取遗留车辆时，应从车列前方距离不小于 300 m 处防护。

2. 放置响墩的方法

(1)每组为三枚，其中两枚扣在来车方向的左侧钢轨上，一枚扣在右侧钢轨上，彼此间隔 20 m。当机车压上响墩后，司机一侧可先听到响墩爆炸声，便于司机采取停车措施。每个响墩放置间隔 20 m，是为了使其爆炸声分清三响，不致与其他爆炸声相混。

(2) 放置响墩应有先后顺序，如确知来车方向，在人员不足的情况下，为争取时间，应先向来车方向规定地点放置响墩，再向另一端放置响墩，然后返回故障地点，手持停车信号进行防护。

(3) 使用响墩时，应牢固地扣在轨面上，但不得安放在钢轨接头、道岔、道口处。

响墩设置方法如图 7-1 所示。

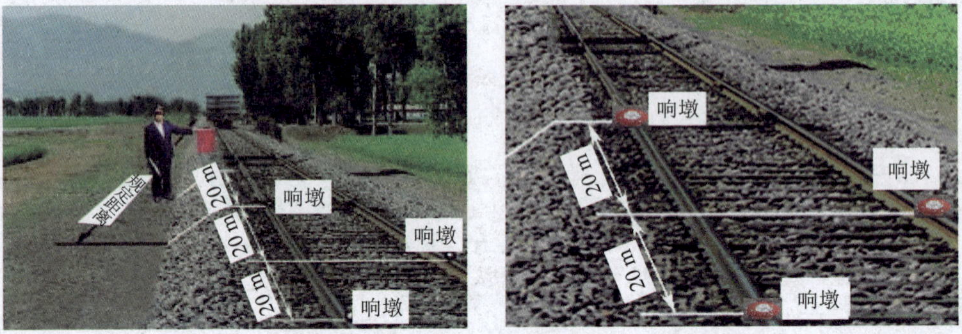

图 7-1　响墩设置方法

二、火炬使用方法与注意事项

1. 放置火炬的规定

(1) 火炬的燃烧时间一般为 8 min 左右，在这一段时间内，已进入区间的列车运行到被迫停车的列车附近时，即可看到火炬的火光，从而采取停车措施，也给司机等人下车察看是否妨碍邻线的工作留出时间。

(2) 擦燃火炬时，不准对向面部。

2. 火炬使用时机

列车被迫停车可能妨碍邻线时，司机与车辆乘务员（随车机械师）分别在列车的头部和尾部附近邻线上点燃火炬，火炬点燃位置与火炬构造如图 7-2 所示。

三、短路铜线的使用注意事项及操作方法

1. 短路铜线的作用

自动闭塞区段用铜线造成轨道电路短路，使信号机显示停车信号，比下响墩的防护办法更快捷、可靠和安全。因此，在自动闭塞区段需要停车时，应利用短路铜线使信号变为停车信号。

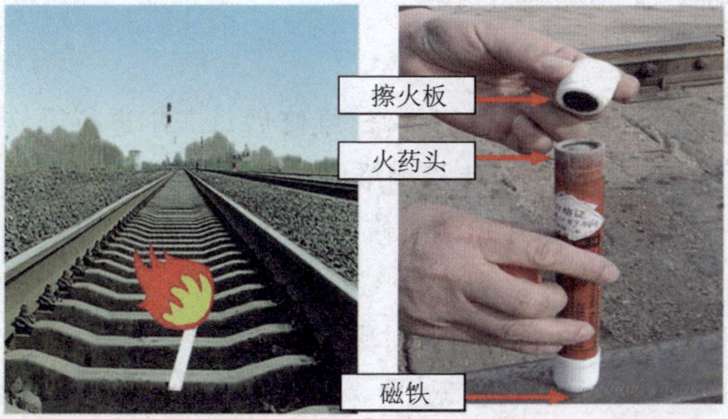

图 7-2　火炬点燃位置与火炬构造

2. 短路铜线使用时机

(1)自动闭塞区间,单机(包括双机、专列回送的机车)紧急制动停车后,立即在轨道电路调谐区外使用短路铜线可靠短接机车前方轨道电路。

(2)自动闭塞区间,单机(包括双机、专列回送的机车)停在调谐区内时,立即在调谐区外使用短路铜线短接轨道电路。

(3)自动闭塞区间,列车被迫停车可能妨碍邻线时,对邻线来车方向短路轨道电路。

3. 短路铜线使用方法

将短路铜线两端的夹钳可靠夹在两根钢轨内侧下沿上,如钢轨上有锈迹,需将锈迹去除,确保导通良好,钢轨除锈及短路铜线使用方法如图 7-3 所示。

注:严禁在调谐区内短接轨道电路。

图 7-3　钢轨除锈及短路铜线使用方法

四、灭火器注意事项及使用方法

1. 灭火器期限

(1)干粉灭火器出厂三年后进行维修,维修后每二年进行维修一次,十年后报废。机车水系灭火器出厂后每三年检测维修一次,六年后报废。

(2)干粉灭火器出厂后每年检测维修一次,八年后报废。

2. 灭火器压力表检查

(1)表针指向红区表示懈压,应及时更换。

(2)表针指向绿区表示有效状态。

(3)表针指向黄区表示超压,主要是受高温、高压作用影响(常出现在内燃机车配备的灭火器上)。

(4)确认灭火器有无铅封,安全穿销是否弯曲,如果交接班检查时,发现破封、穿销弯曲等必须更换。

3. 灭火器的使用方法

除掉铅封,拔掉安全保险销,一手握住灭火器喷管(无喷管的可以省略),另一只手压紧手柄,对准火源根部扫射。使用时禁止倒放、平放。

五、防毒面具使用方法

先将面具盖住口鼻,然后将头带拉至头顶,用双手将下面的头带拉向颈后,再次调整头戴位置是否精密,调到最佳位置即可,保证面具紧贴脸鼻,密封完好。

六、灭火毯使用方法

首先要把灭火毯用双手完全展开,迅速覆盖在火焰上面;然后观察火源情况,直到火焰完全熄灭为止。在发生火焰需要逃生的情况下,可以把灭火毯盖在身上。灭火毯在扑灭火焰过程中无破损现象,可重复多次使用。

第二节　更换钩舌、风管与复轨器使用

一、更换钩舌的方法

1. 使用工具

手锤、小撬棍、钢板尺、开口销。

2. 工作程序

(1)机车制动,挂禁动牌。

(2)提钩后,用手锤和小撬棍将钩舌销的开口销取下。

(3)取出钩舌销,卸下钩舌,检查销有无裂纹,钩舌有无磨损。

(4)取出钩舌锁铁及钩舌推铁,检查有无磨损及裂纹。

(5)清扫钩头内部,检查防跳装置是否良好。

(6)对符合要求的部件,按顺序组装好后,进行试验,开关应灵活。

3. 主要技术要求

(1)车钩开度:在闭锁位时,其开度为 110~130 mm;开启位时 220~250 mm。

(2)车钩距轨面高度:815~890 mm。

(3)两个车钩连挂后,其两个车钩中心线相差不得超过 75 mm。

(4)车钩在闭锁位时,钩舌锁铁往上的活动量为 5~15 mm。

(5)钩舌销与销孔径向间隙为 1~4 mm。

二、更换风管的方法

1. 使用工具及材料

18 英寸管钳子、制动软管、胶带。

2. 工作程序

(1)确认折角塞门在关闭状态。

(2)用管钳子卸下制动软管。

(3)在新软管螺栓上缠上胶带后安装软管。

(4)软管斜度为 45°,接口向内垂直,安装时不得紧过头再回扣,按好防尘堵。

三、S-1 型铝合金双向复轨器使用方法

1. 该型复轨器由两只完全相同的主体组成,起复作业时须同时使用。

2. 在拉复方向的前方钢轨内、外侧相同位置安放复轨器,适当清除石碴,使之与钢轨密贴。复轨器安放平稳后,将 3 根钩螺栓由钢轨底部穿进复轨器主体安装孔后并紧固。

3. 脱轨车轮至复轨器间用石碴或铁垫板等垫好,以减少艇复阻力,防止轧坏轨枕。

4. 在 60 kg/m 及以上重型钢轨上使用时,应在轨座上和复轨器小端下面安放专用铝垫板,以免复轨器主体折损。

5. 起复前应在复轨器引导棱及主体顶部涂润滑油，以利于复轨并减少引导棱的磨损。

6. 当脱轨车轮距基本轨超过 240 mm 时，应先采用“抬高逼近”的方法，使脱轨车轮靠近基本轨后再进行拉复。

S-1 型铝合金双向复轨器如图 7-4 所示。

图 7-4　S-1 型铝合金双向复轨器

四、海参形复轨器使用方法及注意事项

1. 外侧复轨器安装于钢轨外方，与基本轨密贴；内侧复轨器安装于钢轨方，与基本轨保持 35~40 mm 的间隙，以便轮缘通过。

2. 内、外侧复轨器必须左右对称安装，要躲开鱼尾板及腐朽枕木。

3. 用紧固螺栓或安装楔铁将复轨器固定，不得窜动移位。

4. 在复轨器顶部斜面上涂适量润滑油，利于车轮滑落复轨。

5. 在脱轨车轮至复轨器间的车轮经路上铺垫石碴，防止轧坏枕木，减少拉复阻力。

注意：海参形复轨器的有效复轨距离为 150 mm，脱轨距离较远时，须设法将车轮拉靠基本轨后，再安装复轨器进行拉复，海参形复轨器如图 7-5 所示。

五、人字形复轨器使用方法及注意事项

1. 人字形复轨器与旧式人字形复轨器安装方式基本相同，仍沿用“左人、右入”的原则。安装前，先将复轨器尾部钩铁处轨枕下部的石碴清除一些，以保证复轨器尾部能钩住轨枕并便于安装穿销。

2. 安装时，复轨器承轨槽搭在钢轨上，尾部钩铁的上端平落在轨枕上，下端钩

图 7-5　海参型复轨器

挂在轨枕侧面。复轨器安放平稳后，将两块 L 形楔铁分别穿入左右楔铁座与轨腰的间隙内，凸台朝外，安放平整，不得歪斜。然后用大锤左右交替地将两块楔铁打紧（严禁将一侧楔铁打紧后再打另一侧，以免受力不均造成楔铁座裂损）。

3. 将尾部穿销经穿销孔沿轨底穿过。至此复轨器安装完毕。

4. 用大锤轻击复轨器主体表面各部，检查复轨器安装是否牢固，各紧固件有无松动现象，在复轨器引导棱上涂润滑油。

5. 在脱轨车轮至复轨器尾部间应适当铺垫石碴，利于调整台车方向，防止轧坏轨枕，并减少拉复阻力。

注意事项：脱轨车轮超过基本轨 240 mm 以上时，应采用钢丝绳或逼轨器拉正台车，使车轮靠近基本轨后再安放复轨器起复，人字形复轨器如图 7-6 所示。

图 7-6　人字形复轨器

第三节　有动力重联与无动力回送办理

一、HXD3B 型电力机车

1. 有动力重联办理方法

(1)自动制动手柄放重联位，插上定位销，单独制动手柄放运转位，如图 7-7 所示。

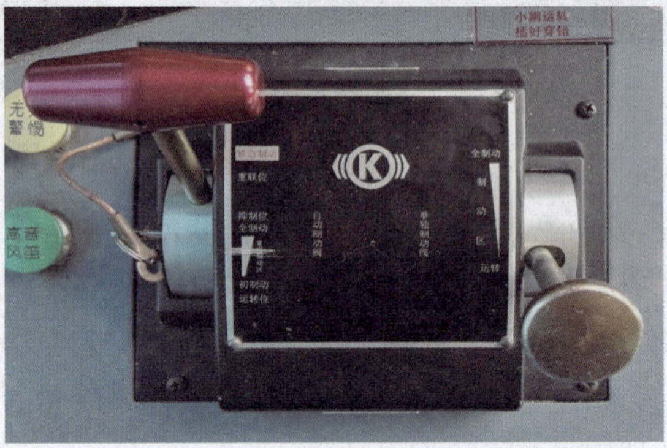

图 7-7　自动制动手柄与单独制动手柄位置

(2)在微机显示屏上将重联机车列车管进行切除。在操纵端，电钥匙闭合状态下，在微机显示屏上依次点击“空气制动系统”“制动设置”，进入“制动设置”界面。点击【切除】软开关后，【切除】软开关变成黄色，表明切除状态已选定，再点击【储存】软开关进行保存，保存完毕后，【储存】软开关消失。

注：设置完成后，必须点击【储存】软开关，否则新设置不执行，如图 7-8 所示。

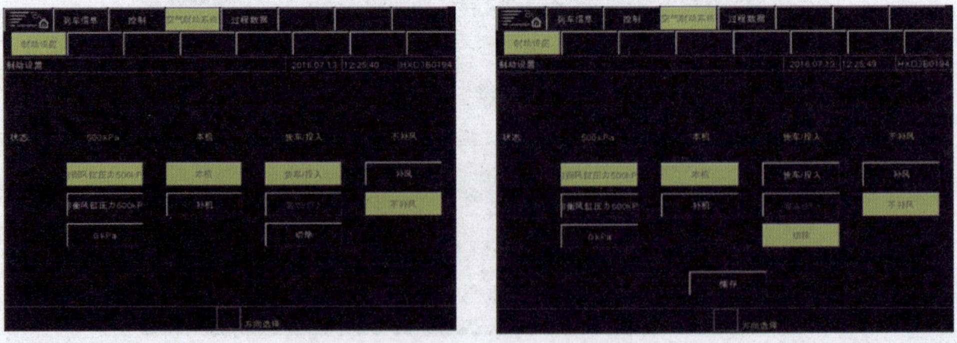

图 7-8　切除重联机车列车管

(3)确认新设置显示为:600 kPa,本机,切除,不补风,点击微机显示屏左上角机车样式图标退出制动设置界面,回到操作主界面,防止因误碰改变制动设置,如图 7-9 所示。

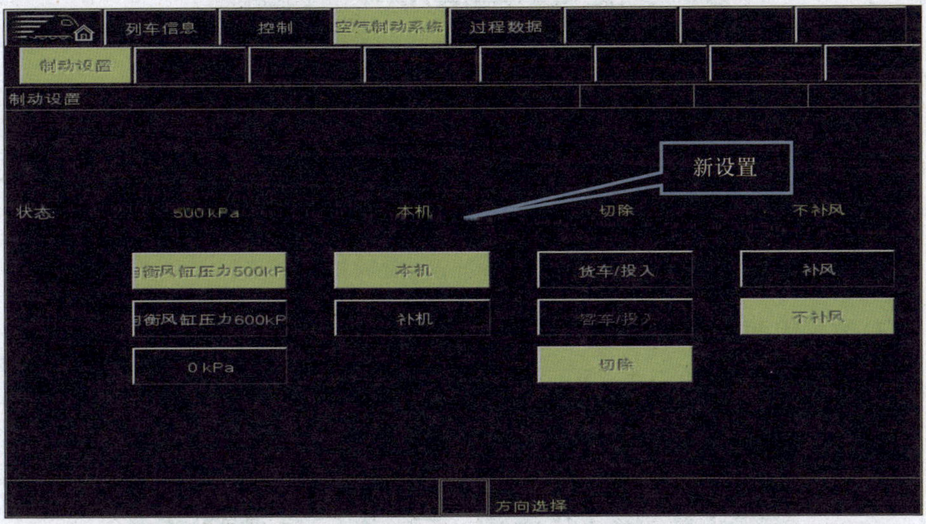

图 7-9　确认新设置显示

(4)连接列车管,缓慢开放折角塞门。

本务机车进行制动与缓解操作,确认重联机车与本务机车制动、缓解状态一致。

注:本务机车缓解状态下,必须确认 12 个单元制动器均在缓解状态,尤其需确认 1、3 轮右侧和 4、6 轮左侧 4 个单元制动器(带停放装置)。

2. 无动力回送重联办理方法

(1)自动制动手柄放重联位,插上定位销,单独制动手柄放运转位,如图 7-10 所示。

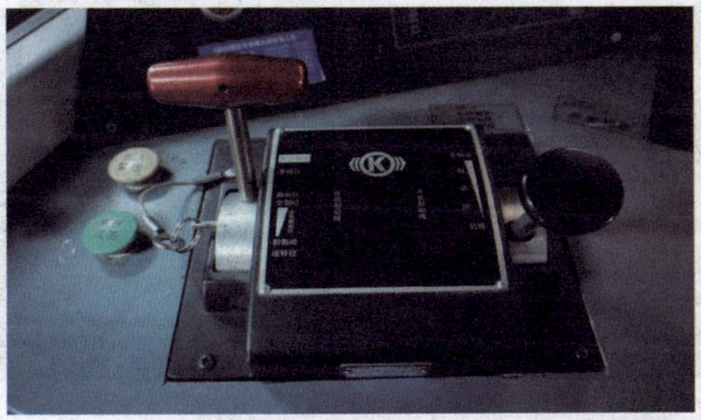

图 7-10　自动制动手柄与单独制动手柄位置

(2)先关闭机车电钥匙,再断开蓄电池脱扣,如图 7-11 所示。

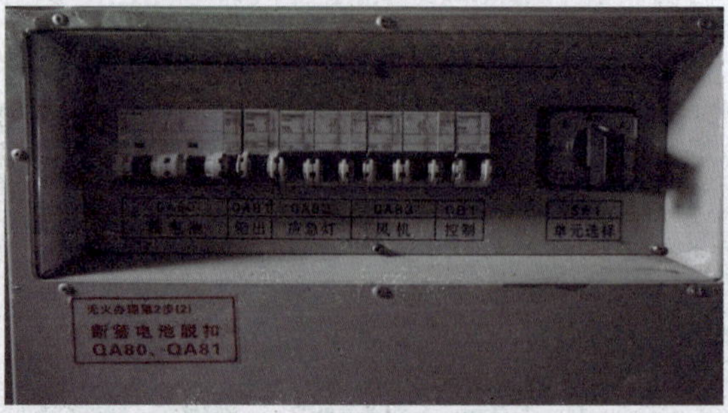

图 7-11　断开蓄电池脱扣

(3)先关闭两总风缸间遮断塞门 A10,然后打开靠近制动柜侧的总风缸(左侧)排水阀,排放总风压力至 250～300 kPa,如图 7-12 所示。

图 7-12　总风缸排水阀

(4)在制动柜上,一是将弹停切除塞门 B40. 06 打到竖直关闭位,二是将 ERCP 模块上的将无动力回送塞门转到左侧无动力回送位,如图 7-13 所示。

图 7-13　弹停切除塞门

(5)将重联机车两端四个平均管塞门开放。连接列车管,缓慢开放折角塞门,如图 7-14 所示。

图 7-14　开放折角塞门

(6)待本务机车缓解后,列车管升至定压,确认两架制动指示器为绿色,停放制动指示器为红色,手拉四个停放制动风缸的拉环(1、3 轮右侧,4、6 轮左侧),拉完后确认夹钳处于缓解状态,夹钳与制动指示器如图 7-15 所示。

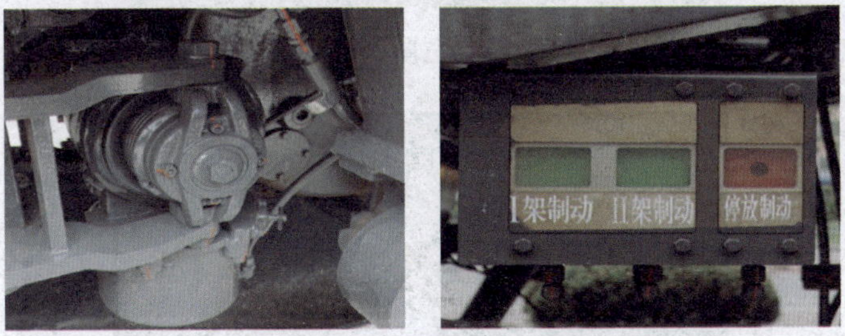

图 7-15　夹钳与制动指示器

(7)本务机车进行制动与缓解操作,确认重联机车与本务机车制动、缓解状态一致。

二、HXD$_2$ 型电力机车

1. 有动力重联办理方法

(1)两端司机室单独制动手柄推至全制位,自动制动手柄推至运转位,如图 7-16 所示。

(2)两端制动柜上的重联塞门均打至切除位,如图 7-17 所示。

(3)两端制动柜平均管塞门均放置主控位,如图 7-18 所示。

(4)连接列车管,缓慢开放折角塞门。本务机车进行制动与缓解操作,并确认

图 7-16　单独制动手柄与自动制动手柄位置

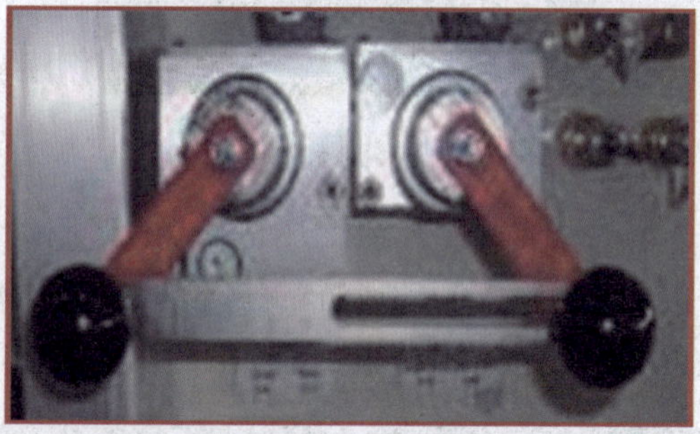

图 7-17　重联塞门位置

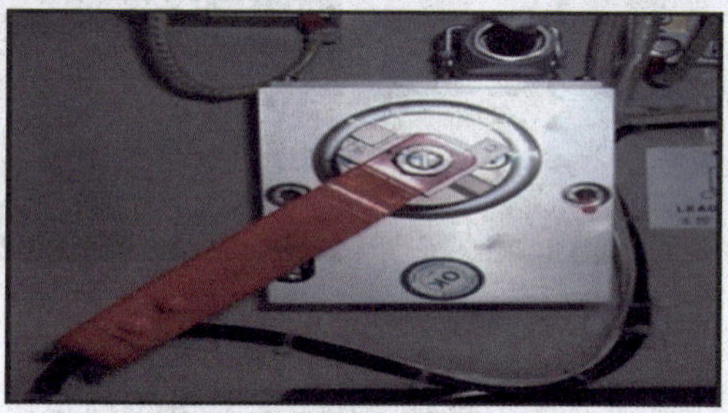

图 7-18　平均管塞门位置

重联机车与本务机车制动、缓解状态一致，闸瓦间隙符合要求 8～10 mm。

2. 无动力回送重联办理方法

（1）两端司机室单独制动手柄推至全制位，自动制动手柄推至运转位，如图 7-19 所示。

（2）先断机车电钥匙，然后进行下电操作（按压“蓄电池切除”按钮），再断两节车蓄电池断路器 DJ-BA，如图 7-20 所示。

（3）将两端制动柜无动力塞门放置从控位，重联塞门放置切除位，如图 7-21 所示。

图 7-19　单独制动手柄与自动制动手柄

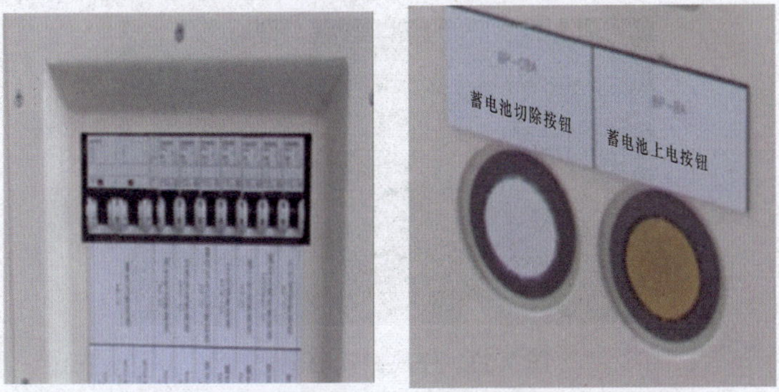

图 7-20　下电操作

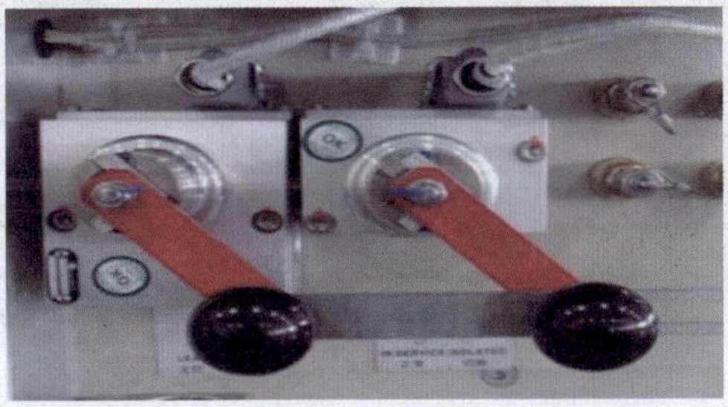

图 7-21　重联塞门

(4)两端制动柜平均管塞门均放置主控位,如图 7-22 所示。

(5)两端制动柜停放制动隔离塞门均放置隔离位,如图 7-23 所示。

(6)连接列车管,缓慢开放折角塞门,等待列车管压力升至定压。确认停放制动指示器为红色,常用制动指示器为绿色,如图 7-24 所示。

(7)将机车 8 个停放制动(1、3、5、7 轴在左侧,2、4、6、8 轴在右侧)手动缓解手柄往回拉到最大位置,听到明显的"咔哒"机械动作声后,保持 3 s 松开,确认该轴

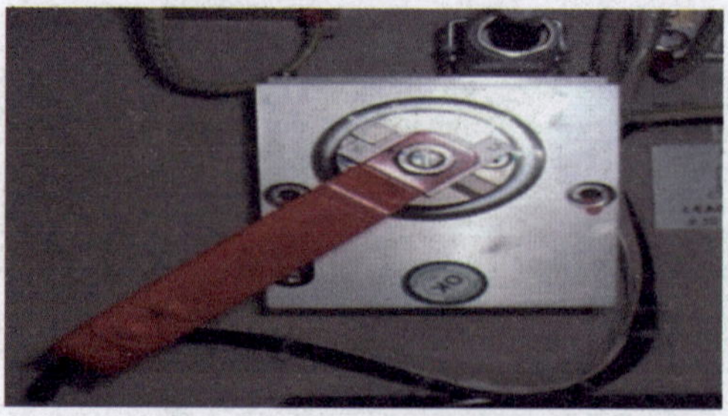

图 7-22　平均管塞门

图 7-23　停放制动隔离塞门

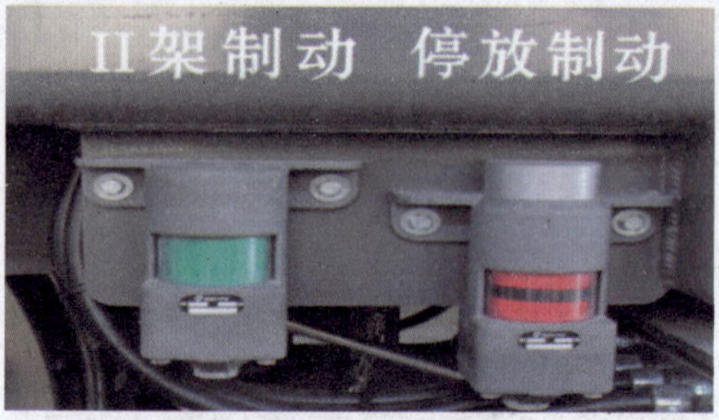

图 7-24　制动指示器

闸瓦缓解良好，如图 7-25 所示。

（8）本务机车进行制动与缓解操作，并确认无动力机车与本务机车制动、缓解状态一致，闸瓦间隙符合要求 8～10 mm，闸瓦如图 7-26 所示。

三、HXN3 型内燃机车

1. 无动力回送重联办理方法

（1）将前、后司机室自动制动手柄置于重联位，插上定位销、单独制动手柄置于运转位，如图 7-27 所示。

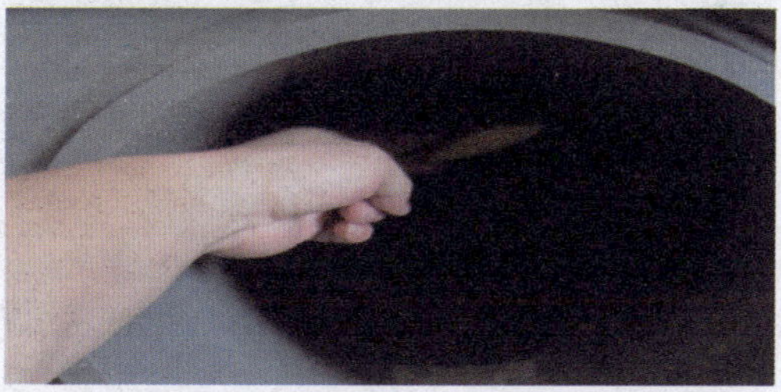

图 7-25 确认闸瓦缓解良好

图 7-26 闸瓦

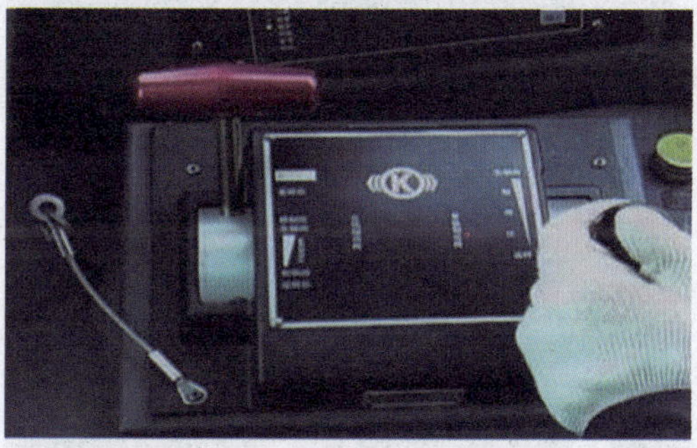

图 7-27 单独制动手柄置运转位

(2)断开操纵台、电器柜所有断路器,拉下蓄电池闸刀,如图 7-28 所示。

(3)检查停放塞门手柄置于顺向缓解位(手柄应与地面垂直状态),如图 7-29 所示。

(4)将 EPCU 箱模块上的无动力塞门打至无动力位,如图 7-30 所示。

(5)打开 EPCU 箱体左侧下部无动力回送塞门,如图 7-31 所示。

(6)打开第二总风缸排水阀,放到 250~300 kPa 以下,如图 7-32 所示。

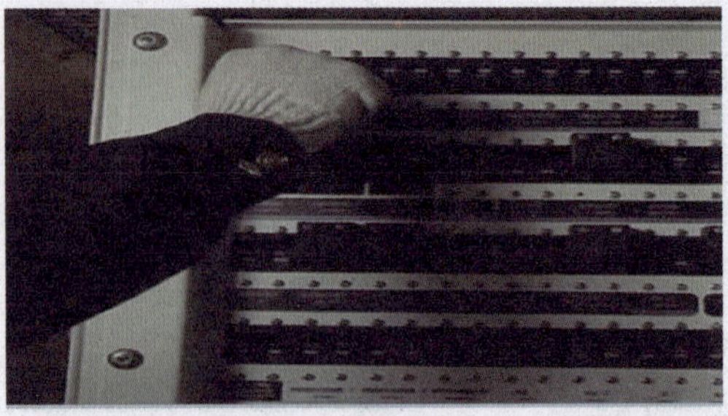

图 7-28　断开操纵台、电器柜所有断路器，拉下蓄电池闸刀

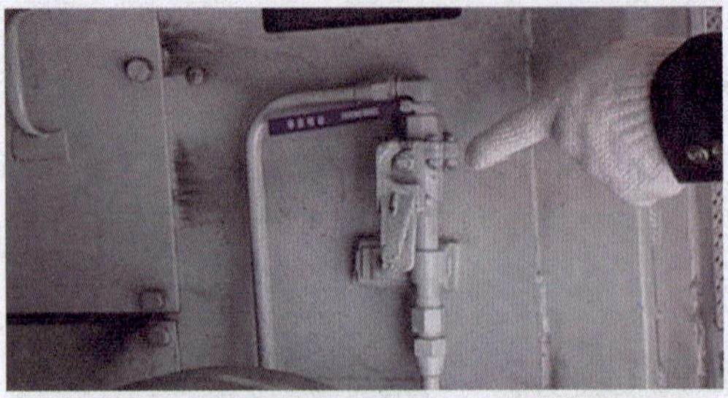

图 7-29　停放塞门手柄置于顺向缓解位

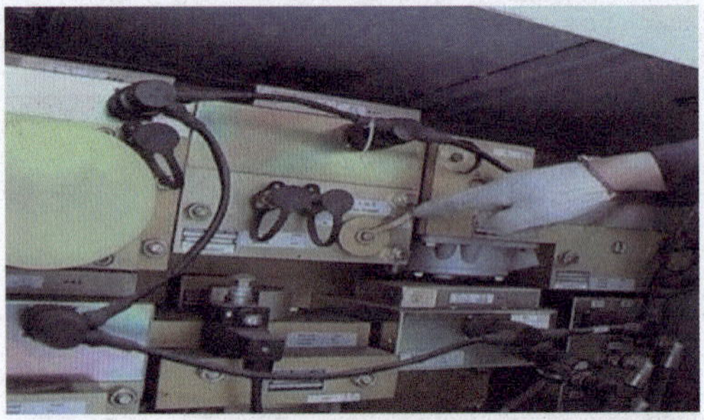

图 7-30　无动力塞门打至无动力位

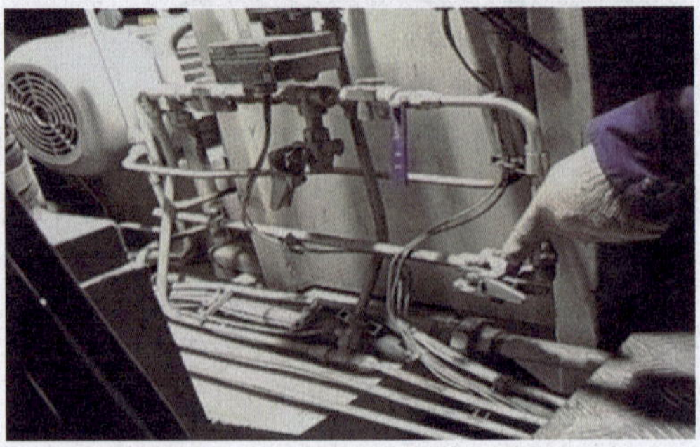

图 7-31　无动力回送塞门

图 7-32　打开第二总风缸排水阀

(7)打开机车前、后端制动缸平均管塞门,如图 7-33 所示。

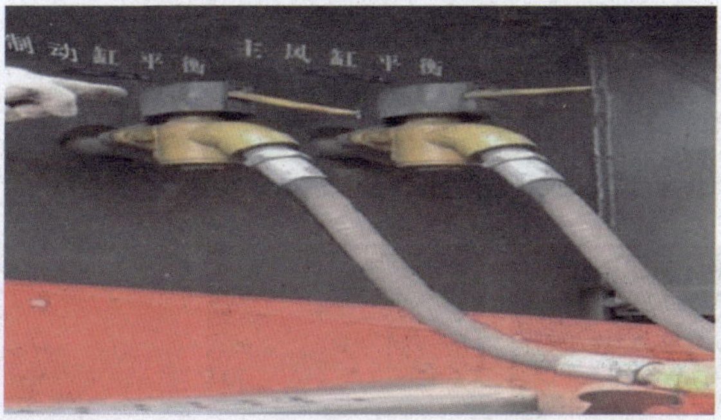

图 7-33　打开机车前、后端制动缸平均管塞门

(8)连接列车管后缓慢开启列车管折角塞门,待列车管升至定压,确认无动力机车 2、5 轮是否缓解,如处于制动状态,应手动缓解。进行制动机试验,检查无动力机车制动、缓解状态,如图 7-34 所示。

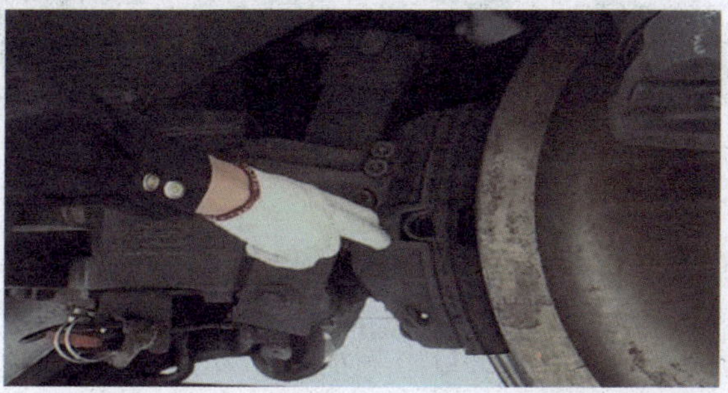

图 7-34　确认无动力机车 2、5 轮是否缓解

第四节　冬季机车放水与列尾操作

一、HXN3 型内燃机车冬季机车放水操作

1. 打开手动排水阀，在柴油机自由端下部。

2. 打开减压阀，在水箱上部。

3. 拆开中冷器放水软管上部接头，在柴油机自由端中冷器出水管下方。

4. 拆下中冷器连接丝堵（在 4~5 缸和 12~13 缸处，共 4 个），在柴油机侧面前后中冷器连接处。

5. 拆下中冷器放水堵（在 8 缸和 16 缸处，共 2 个），在柴油机输出端中冷器端盖下方。

6. 拆下中冷水泵放水堵，在柴油机自由端中冷水泵下方。

7. 打开燃油预热器低端进水管端盖。

HXN3 型内燃机车放水操作如图 7-35 所示。

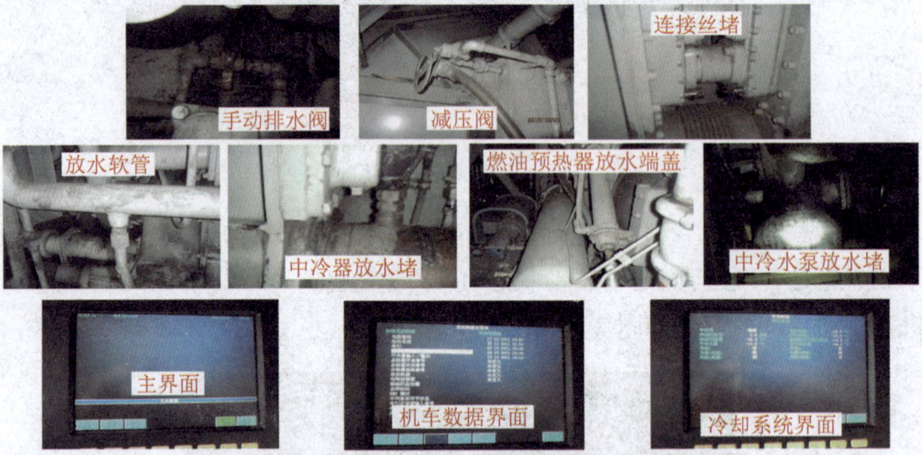

图 7-35　HXN3 型内燃机车放水操作

二、HXN5 型内燃机车冬季机车放水操作

1. 打开手动放水阀，在柴油机自由端水泵下方。

2. 打开水表放气阀，在水箱上方。

3. 拆下上水口防尘堵，在机车下部，并将防尘堵用铁丝挂在机车风管上。

4. 安装 GD 风泵的机车，打开辅助放水阀，在风泵间左侧风泵左后方。

HXN5 型内燃机车放水操作如图 7-36 所示。

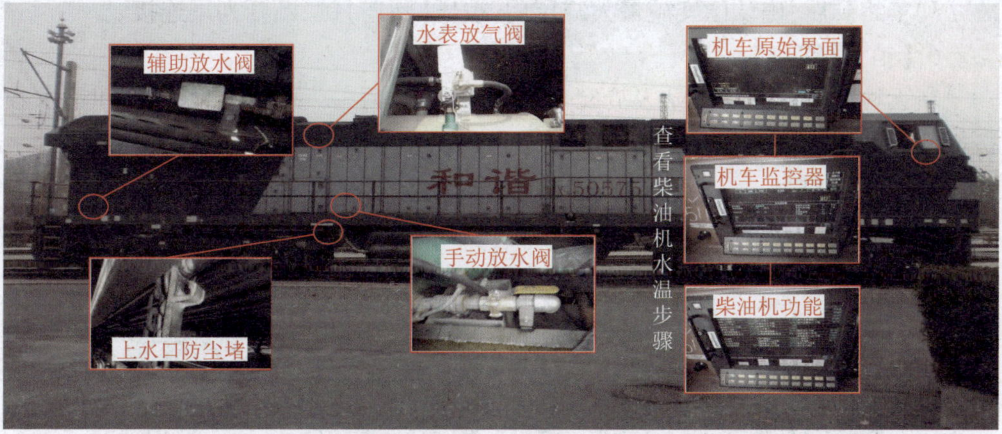

图 7-36　HXN5 型内燃机车放水操作

三、单模列尾操作方法

1. 开机

将行车设备柜主机开关及列尾控制盒侧面开关均至开位，确认列尾控制盒上电。

2. "一对一"关系建立方法

(1) 司机得到车站列尾主机安装完毕的通知，按其【风压】键，听到回示语音："×机车(8 位机车号码)，风压×××(kPa)"，以及看到列尾控制盒列尾主机 ID 号码和"已连接"显示正确后，即完成"一对一"关系建立。

(2) 司机听到列尾主机发送"×号(6 位列尾主机号码，下同)等待确认的提示语音时，核对列尾控制盒"列尾 ID" 栏闪烁显示的列尾主机号码无误，并确认列尾控制盒"工作状态"栏在"未连接"的状态下，按其【确认】键，即完成"一对一"关系建立。

3.【风压】键

设检充点车站建立一对一关系时，按压【风压】键查询列尾风压，首次查询核对显示屏显示的列尾 ID 号与通知的 ID 号是否一致。执行列尾"八必查"，使用【风压】键查询列尾风压。

4.【确认】键

未设检充点车站建立一对一关系时，即：听到列尾主机发送"×号(6 位列尾主机号码)等待确认(请输号)"的提示语音时，核对列尾控制盒"列尾 ID" 栏闪烁显示的列尾主机号码无误，并确认列尾控制盒“工作状态”栏在“未连接”的状态下时。

5.【断连】键

列车终到后，确认已实施最大减压后，按压【断连】键，断开列尾连接。

6.【销号】键

在无检充点车站由车站人员配合重新建立“一对一”关系时，以及区间请求救援需断开列尾连接时。

7.【排风】键

列车运行中，司机发现列车制动不正常或判断列车折角塞门关闭时。

列尾控制盒如图 7-37 所示。

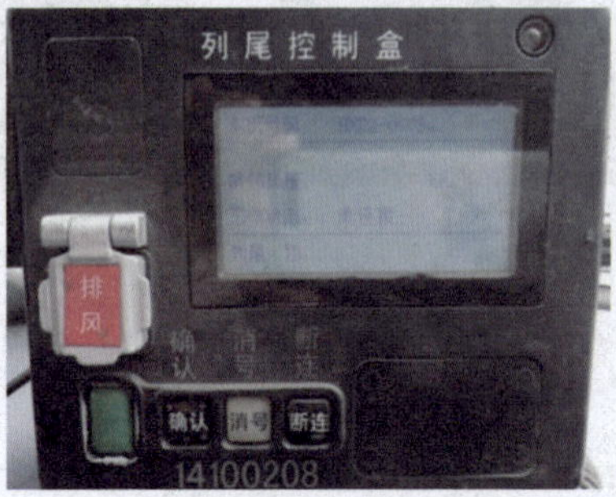

（a）未连接

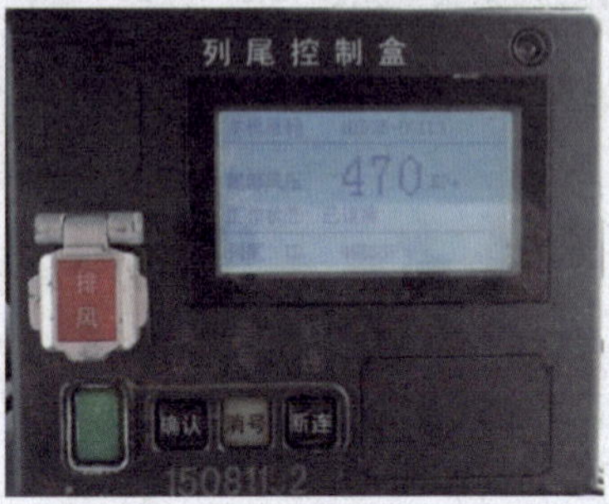

（b）已连接

图 7-37　列尾控制盒

四、双模列尾操作方法

1. 开机

打开列尾机车台主机电源开关，主机和列尾控制盒上电开机，列尾控制盒显示开机界面。列尾机车台配置双列尾控制盒。在“未连接”状态下，开机后两个列尾控制盒均进入副控状态，按下【Fn】键 3 s 后向列尾机车台主机申请主控权，申请成功后进入主控状态。一端进入主控状态，另一端自动进入副控状态（即开机后在操纵端列尾控制盒上按压【Fn】键 3 s，方可进行操作）。

2. 复位

按压【复位】键 3 s 以上，列尾机车台整机复位重启（包括列尾机车台主机和列尾控制盒）。复位后显示屏显示“未连接”，重新按压【查询】键即可。

3. 建立连接

（1）在有列尾检充点的车站，按压【查询】键进行连接，连接成功后列尾控制盒液晶屏上显示状态为“已连接”，并显示当前风压。

(2)按下列尾控制盒【确认】键进入手动输入列尾 ID 界面。通过数字键输入 6 位列尾 ID 后按下【确认】键确认。连接成功后列尾控制盒液晶屏上显示状态为“已连接”,并显示当前风压。

(3)中间站临时使用列尾时,收到列尾主机的输号请求后列尾控制盒语音提示“××××××列尾装置等待确认”,按压【确认】键,确认当前 ID 号正确后,再次按压【确认】键,连接成功后列尾控制盒液晶屏上显示状态为“已连接”,并显示当前风压。

4. 查询

按压【查询】键,查询成功,列尾控制盒语音提示当前风压。

5. 断连

需断连操作时,首先按压【断连】键,5 s 内再按压【确认】键(此组合操作需在 5 s 内完成)。断连成功后,列尾控制盒语音提示“断连成功”,列尾指令区显示“断连成功”,列尾状态显示“未连接”。

6. 销号

需销号操作时,同时按压【确认】键+【查询】键,销号成功后,列尾控制盒语音提示“××××机车,销号成功”,列尾状态显示“未连接”。

7. 排风

按下列尾控制盒【排风】键 3 s 以上,列尾控制盒语音提示“××××机车,排风”。注意:排风期间所有按键无效且按键无法打断语音提示。

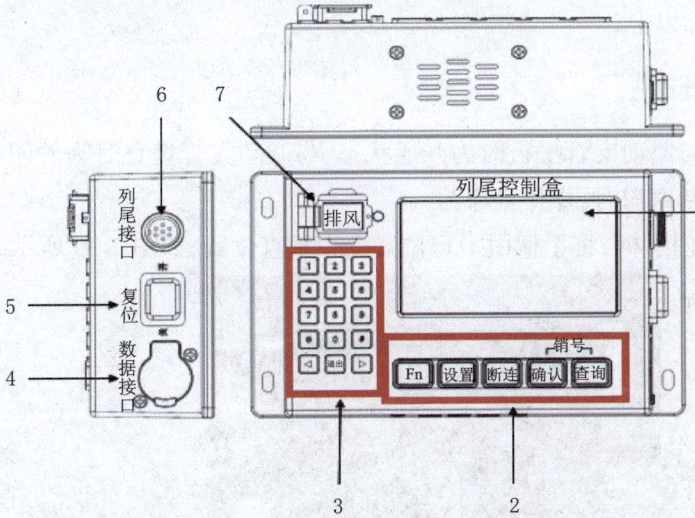

1—液晶屏;2—功能按键;3—数字按键;4—数据接口:列尾控制盒升级维护及数据下载口;
5—复位开关;6—列尾接口:通过 7 芯电缆与列尾机车台连接;7—排风按键。

图 7-38　列尾控制盒

第五节　机车大、小复位操作与车辆关门处理

一、HXD3B 型电力机车大、小复位操作

1. 小复位操作方法

停车、断电、降弓拔电钥匙 1 min 以上(不用关闭记录器、不停车断电钥匙会惩罚制动)。

2. 大复位操作方法

停车、断电、降弓拔电钥匙,断 QA80、QA81 3 min 以上,闭合时先闭合 QA80、QA81,再闭合电钥匙。

二、HXD2 型电力机车大、小复位操作

1. 小复位(复位按钮)操作方法

断主断,手柄回零;当机车运行中微机控制系统出现保护性封锁及异常现象,断开主断、按压微机复位消除。

2. 大复位操作方法

停车、手柄回零、断主断,降弓,断电钥匙;按压蓄电池切除按钮(下电)、断开蓄电池断路器 3 min 以上。

三、车辆关门处理

截断塞门手柄与制动支管平行时为开通状态,与制动支管垂直时为关闭状态。车辆故障须关闭截断塞门时,操作程序为

1. 扳动截断塞门手柄,将手柄由平行位置变为垂直位置,如图 7-39 所示。

图 7-39　扳动截断塞门手柄

2. 拉动缓解阀拉杆,排净制动缸、副风缸压力空气,如图 7-40 所示。

图 7-40 排净制动缸、副风缸压力空气

3. 使用铁线,一端捆绑在缓解阀拉杆三角接头处,一端捆绑在缓解阀拉杆吊座上,并拉紧,使缓解阀处于排风状态,如图 7-41 所示。

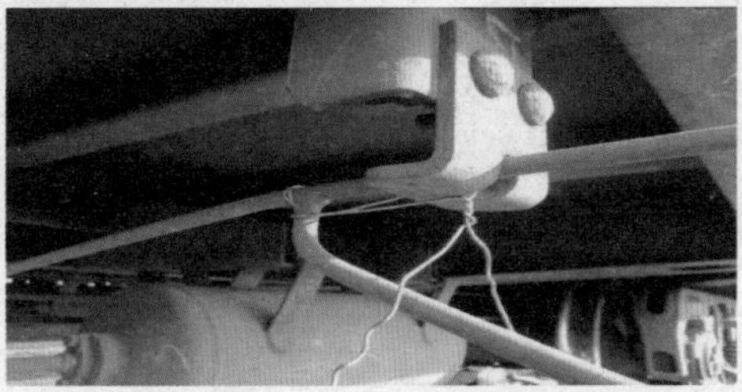

图 7-41 使用铁线

4. 确认制动缸活塞,要完全缩回。

第六节 紧急放风阀使用

一、紧急放风阀使用时机

1. 列车运行中遇机车制动机发生故障(制动主管不减压),无法控制列车运行速度时。

2. 列车运行中遇到紧急情况,副司机来不及通知司机时。

二、各机型紧急放风阀位置

1. HXD_{3B} 型电力机车

在司机室左侧后墙上,如图 7-42 所示。

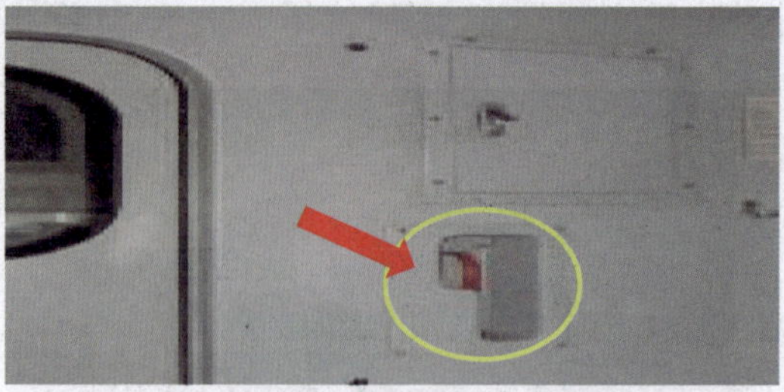

图 7-42　HXD3B 型电力机车紧急放风阀

2. HXN3 型内燃机车

在司机室司机侧后墙上，如图 7-43 所示。

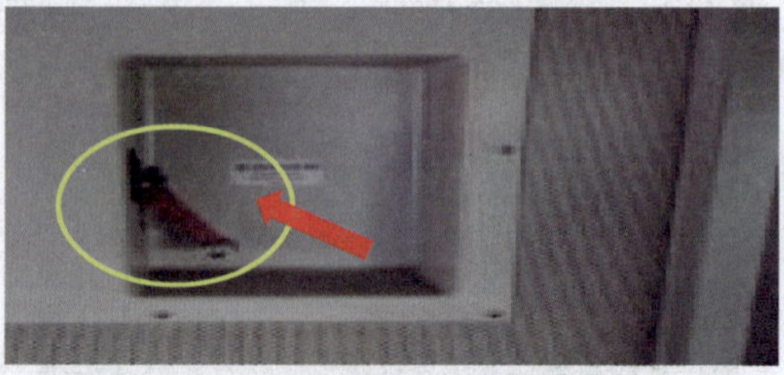

图 7-43　HXN3 型电力机车紧急放风阀

3. HXN5 型内燃机车

在副台右下角处，如图 7-44 所示。

图 7-44　HXN5 型内燃机车紧急放风阀

第七节　模拟开车

模拟开车流程如下：

司机：立正！敬礼！×××运用车间 HXD3B 型××××机车，司机×××。

副司机:副司机×××。

合:模拟开车现在开始。

一、待乘标准

司机:(凡担当18时至次日6时开车的乘务员必须在待乘室保休)在规定时间内指纹签到测酒,手机关闭并上交。不准携带电子产品进入房间。

副司机:叫乘离寓时测酒并按压指纹。

二、出勤标准

司机:(出勤时,按季节穿全套作业服,机班一致,整洁着装,携带工作证、驾驶证、电气化安全培训合格证到出勤调度员处。)立正!电××××次机班测酒。

副司机:(出勤调度员)接受指纹影像识别、酒精含量测试,测试合格,IC卡写入揭示3条。

司机:领取司机报单、司机手册、交付揭示、施工明示图、录音笔及"6A"U盘。并确认交付揭示符合本次乘务要求。开放录音笔。

副司机:(运安系统作用良好时),全员分别按压指纹登录,阅览通知、通报等传达内容并乘前答题。

司机:根据值乘区段、天气、施工情况,运行交路、列车类别、机车类型等变化情况做好安全预想,记录在"司机手册"内。将运行揭示、途径支线号等重点内容填写提示贴。到出勤指导司机处接受指导并签字。

副司机:选择担当区段,核对交付揭示。阅读出示揭示。

司机:对照交付揭示进行核对,在各自交付揭示的序号前划"√"。

副司机:调度命令××××××号:202×年×月××日×时××分至××时××分,因××××站施工。施工期间,××××全站信号及电码化设备停用,上下行执行施工特定行车办法,引导接车并正线通过时,列车司机凭特定引导手信号的显示,以不超过60 km/h的速度进站,出站时车站使用列车调度电话将绿色许可证编号和调度命令号码通知司机,列车凭通过手信号通过车站。

司机:核对有关揭示一致。在各自交付揭示上对应职名处签字。对施工、慢行的起始车站,在手册站名栏下划一横线。

副司机:验卡操作。

司机:手动输入基本参数。设备提示"验卡正确通过,可控揭示1条",验卡完毕取出IC卡。

副司机:换卡操作,验卡完毕取出 IC 卡。

司机:验卡正确。

副司机:遇有施工明示图时,模拟操作并接受指导,明确行车办法,掌握监控装置操作。

司机:全员到出勤调度员处出勤,电×××××次机班出勤。交付揭示 1 条、有关揭示 1 条,有关揭示调度命令号码××××××号。

副司机:出勤调度员对“司机手册”审核,在司机手册及司机报单上签注出勤时间并盖章。

司机:确认手机状态。手机开机,电量充足。

副司机:手机开机,电量充足。

司机:出勤后不得携带除手机、手持电台以外的电子设备。

副司机:认真执行现场作业标准化,问清接车地点。

司机:库内 5 道接车。

三、接车标准

副司机:全员同行,走固定安全路线,横越线路一停、二看、三通过。确认机车型号,按职分工、对口交接。查阅“机车交接班记录簿”,了解机车运用、检修情况,清点工具备品,交接电量并做好记录。

司机:上车先核对 LKJ 数据版本号并填记在“司机手册”,不是最新版本号时不得出库。车站接车时监控版本号不符时报告车站。确认行车安全装备合格证齐全、符合规定。插入 IC 卡,确认运行揭示。

副司机:确认写入揭示与手持揭示总条数一致。

司机:揭示正确。输入基本信息,确认监控数据。

副司机:数据正确,进入出库模式。

司机:进入好了。按职分工检查机车。

副司机:注意安全。

司机:确认停放制动,铁鞋,闸片与轮盘间隙,满砂、砂路畅通。

副司机:检查机车。

司机:注意安全。

副司机:检查防护用品齐全,不超期。

司机:升弓!

副司机:升弓注意。

合(司机):升弓好了。(探头确认)

副司机:闭合风泵开关。

司机:闭合好了。

副司机:确认铁鞋、弹停状态。

司机:铁鞋撤除好了,弹停已缓解。检查自动过分相装置开放。

副司机:自动过分相装置已开放,出段准备。

司机:准备好了。机务段信号楼,HXD3B××××机车,监控版本号 2020××××司机×××,整备完毕准备出库。

副司机(信号楼):HXD3B××××机车,5 道去××××方向出库调车信号好了。出库时间×点××分。出段信号。

司机:D211 白灯。

副司机:D211 白灯。

司机:HXD3B××××机车,×点××分×道出库调车信号好了,司机明白。鸣笛动车,站立瞭望。

副司机:站立瞭望,道岔注意。

司机:道岔开通正确。

副司机:道岔开通正确,一度停车。

司机:一度停车。

副司机:退出出库模式。

司机:退出好了。

四、挂车标准

司机:××××站,出库的 HXD3B××××机车询问调车进路。

副司机(车站值班员):HXD3B××××机车××××站 9 道挂头调车信号好了。调车信号。

司机:D233 白灯。

副司机:D233 白灯。

司机:HXD3B××××机车××站×道挂头调车信号好了,司机明白。鸣笛动车,站立瞭望。

副司机:站立瞭望,道岔注意。

司机:道岔开通正确。

副司机:道岔开通正确,无网区分歧道岔,一度停车。

司机:一度停车。

副司机:调车信号。

司机:D251 白灯。

副司机:D251 白灯,机外停车。

司机:机外停车。

副司机:脱轨器注意。

司机:撤除好了。

副司机:撤除好了。

司机:鸣笛动车,确认停留车位置。

副司机:五辆。

司机:五辆。

副司机:三辆。

司机:三辆。

副司机:十米前停车。

司机:十米前停车。

副司机:防护信号。

司机:撤除好了。

副司机:好了。

司机:准备连挂,注意安全。

副司机:检查车钩,风管外观良好,角度正确,无止轮器。相关人员处于安全位置,显示连结手信号。

司机:连结手信号好了,鸣笛动车,平稳连挂。

副司机:停车。

司机:停车。

副司机:两车钩均在落锁位,中心差不超过 75 mm(动作:显示试拉手信号),试拉。

司机:试拉手信号好了,确认反向信号位置,鸣笛试拉。

副司机:停车。(动作:停车手信号)

司机:停车。(手比停车信号)

副司机:试拉好了,连结风管,确认连挂良好,车钩防跳装置锁闭良好,上车换端。

司机:降弓。

副司机：降弓注意，注意防溜。

合：降弓好了。（探头确认）

司机：注意防溜，制动缸压力 450 kPa。

副司机：换端完毕。

司机：升弓。

副司机：升弓注意。

合：升弓好了。（探头确认）

副司机：闭合风泵开关。

司机：闭合好了。

司机：复检机车。

副司机：注意安全。

司机：检查连接及走行各部状态良好。

副司机：退出调车。

司机：调车退出好了。

五、发车标准

司机：运统一终端接收编组信息，计算列车有效长度。

副司机：列车有效长度 948 m，“对卡”二人执行背对背输入监控数据：司机号×××××××、副司机号×××××××、区段号××、车站号××、车次种类无、车次编号×××××、货车、本务、总重××××、辆数××、计长××. ×、车速等级 90。

司机：数据正确。

副司机：数据正确。

副司机：确认对标点。

司机：1 道对标（车站列尾作业人员联系司机时）“HXD_{3B}××××机车，列尾安装完毕，请检查。

副司机：好了。建立“一对一”关系。

司机：尾部风压 360 kPa；列尾 ID123456；连接正确。

副司机（车站值班员）：电××××次准备发车。

司机：电××××次准备发车，司机明白。

副司机：简略试验。

司机：简略试验。开门听排风声。

副司机：列尾查询。

司机：风压正常、排风时间符合标准、无漏泄。

副司机：试风好了。

司机：试风好了。

副司机：确认行车安全装备。

司机：LKJ 设置好了，CIR（或通信装置）设置好了，列尾装置设置好了，机车信号确认好了。

副司机：LKJ 设置好了，CIR（或通信装置）设置好了，列尾装置设置好了，机车信号确认好了。

六、运行标准

副司机：确认监控数据。

司机：数据正确。

副司机：数据正确，确认站名。

司机：×××站。

副司机：×××站，机车信号转换注意。

司机：转换好了。

副司机：好了。出站信号。

司机：绿灯，出站好了。（二人同侧开窗开门手比）

副司机：绿灯，出站好了，进路表示器。

司机：×××站方向好了。

副司机：×××站方向好了，机车信号。

司机：双黄灯。

副司机：双黄灯，确认监控器信号。

司机：双黄灯。

副司机：双黄灯。（车站值班员）：电××××次×××站 9 道出站信号好了，去×××站方向。

司机：电××××次×××站 9 道出站信号好了，去×××站方向，司机明白。

副司机：发车信号。

合（副）司机：一圈、两圈、三圈，发车信号好了。

副司机：一圈、两圈、三圈，发车信号好了，列尾查询。

司机：尾部风压 600 kPa。

副司机：好了，仪表注意。

司机:各仪表(网压)显示正常。
副司机:站立瞭望,确认开车时刻。
司机:正点开车。
副司机:好了,后部注意。
司机:后部好了。
副司机:后部好了。
副司机:注意对标。
司机:对标好了,道岔限速 30 km/h。
副班:好了,道岔限速 30 km/h。
副司机:机车信号。
司机:绿灯。
副司机:绿灯,仪表注意。
司机:各仪表(网压)显示正常。
副司机:通过信号。
司机:绿灯。
副司机: 绿灯。
司机:注意。×××站,电×××××次接近去×××站方向。
副司机:(车站值班员)电×××××次×××站 2 道通过去×××站方向。
司机:电×××××次×××站 2 道通过去×××站方向,司机明白。
副司机:通过信号。
司机:绿黄灯。
副司机:绿黄灯。确认车位。
司机: 车位正确。
副司机: 车位正确,进站信号。
司机:黄灯正线。
副司机:黄灯正线,机车信号。
司机:黄 2 闪。
副司机:黄 2 闪。
司机:站立瞭望。
副司机:站立瞭望。输入支线号。
司机:支线号输入好了。
副司机:×××站方向支线 1 输入正确。确认车位。

司机:车位正确。

副司机:车位正确,出站信号。

司机:绿灯,出站好了。

副司机:绿灯,出站好了。进路表示器。

司机:×××站方向好了。

副司机:×××站方向好了。机车信号。

司机:双黄闪。

副司机:双黄闪。过分相注意。

司机:注意。

副司机:注意 ,禁止双弓。

司机:单弓好了。

副司机:好了,断电。

司机:断电好了。

副司机:好了,确认网压。

司机:网压下降。

副司机:网压下降。确认网压。

司机:网压上升。

副司机:网压上升,闭合。

司机:闭合好了。

副司机:好了,确认控制电压。

司机:控制电压 110 V。

副司机:控制电压 110 V。

副司机:揭示预报:调度命令××××××号:20××年×月××日×时××分至××时××分,因×××站施工。施工期间:×××站全站信号及电码化设备停用,上下行执行施工特定行车办法,引导接车并正线通过时,列车司机凭特定引导手信号的显示,以不超过 60 km/h 的速度进站,出站时车站使用列车调度电话将绿色许可证编号和调度命令号码通知司机,列车凭通过手信号通过车站。

司机:×××站进站特定引导,出站绿证。×××站,电 88324 次接近去×××站方向。

副司机:(车站值班员)电×××××次×××站进站执行特定引导手信号接车,2 道通过去×××站方向,绿色许可证编号 2,注意手信号。

司机:电×××××次×××站进站执行特定引导手信号接车,2 道通过去×××站方向,绿色许可证编号 2,注意手信号。司机明白。

副司机:绿色许可证编号记入司机手册。

副司机:通过信号。

司机:黄灯减速。

副司机:黄灯减速。确认车位。

司机:车位正确。

副司机:车位正确。进站信号。

司机:红灯,机外停车。

副司机:红灯,机外停车。机车信号。

司机:红黄灯停车。

副司机:红黄灯停车。

(施工监控人员:电×××××次司机,我是机务施工监控人员,×××站特定引导手信号好了,注意手信号。)

司机:电×××××次特定引导手信号好了,注意手信号点,88324 次司机明白。

副司机:确认特定引导手信号。

司机:绿旗,特定引导手信号好了。

副司机:绿旗,特定引导手信号好了。速度 60 km/h 以下,按压【开车】+【解锁】键解锁。

司机:解锁好了。

副司机:确认车位。

司机:车位正确。

副司机:车位正确,出站信号。

司机:红灯停车。

副司机:红灯停车,机车信号。

司机:红黄灯停车。

副司机:红黄灯停车。

副司机(监控人员):电×××××次司机,我是机务施工监控人员,×××站绿色许可证已办理完毕,注意通过手信号。

司机:电×××××次司机明白,机车号 HXD_{3B}××××,司机×××。

副司机:通过手信号。

司机:手信号好了。

副司机:手信号好了。速度 45 km/h 以下,输入绿色许可证编号 2。

司机:绿色许可证编号 2 输入正确。

副司机:绿色许可证编号 2 输入正确。按压【解锁】+【确认】键解锁。

司机:解锁好了。

副司机:注意运行,限速 45 km/h,严守速度。

司机:严守速度。

司机:前方注意,揭示销记。

副司机:前方注意。

司机:揭示销记完毕。

副司机:前方注意,揭示销记。

司机:前方注意。

副司机:揭示销记完毕。

七、终到退勤作标准

司机:×××站,电×××××次接近。

副司机(车站值班员):电×××××次×××站 3 道停车。

司机:电×××××次×××站 3 道停车,司机明白。

副司机:列尾查询。

司机:尾部风压 600 kPa。

副司机:好了。

副司机:进站信号。

司机:双黄灯,侧线,限速 30 km/h。

副司机:双黄灯,侧线,限速 30 km/h,机车信号。

司机:双黄灯。

副司机:双黄灯,输入侧线股道号。

司机:3 道输入好了。

副司机:3 道输入正确,进站信号。

司机:双黄灯,侧线,限速 30 km/h。

副司机:双黄灯,侧线,限速 30 km/h。

司机:站立瞭望。

副司机:站立瞭望,确认车位。

司机:车位正确。

副司机:车位正确,确认股道。

司机:3 道正确。

副司机:出站信号。

司机:红灯停车(手比)。

副司机:红灯停车,机车信号。

司机:红黄灯停车。

副司机:红黄灯停车。

司机:11 点 30 分停车。

副司机:11 点 30 分停车。

司机:追加至最大减压量 170 kPa,记点。

司机:×××站,电×××××次已达到最大减压量 170 kPa,可以摘管。

副司机:按断连键解除列尾“一对一”关系。

司机:按断连键解除列尾“一对一”关系。

副司机:确认启动手信号。

司机:启动手信号好了。

副司机:启动手信号好了。

司机:单缓机车,前移 2 至 10 m 停车,缓解自、单阀手柄,将机车移至脱轨器外方停车。

副司机:检查机车。

司机:注意安全。

副司机:明白,制动软管已吊起、防跳穿销已穿好,各部状态良好。

司机:检查机车。

副司机:注意安全。

司机:明白,各部状态良好。

副司机(车站值班员):HXD_{3B}××××机车,×××站×道入库调车信号好了。

副司机:调车信号。

司机:D×××白灯(由近及远,逐架确认,防止排短)。

副司机:D×××白灯。

司机:HXD_{3B}××××机车,×××站 3 道入库调车信号好了,司机明白。联控清楚再动车。

副司机:进入调车。

司机:进入调车好了,鸣笛动车,站立瞭望。

副司机:站立瞭望,道岔注意。

司机：道岔开通正确。

副司机：道岔开通正确。一度停车。

司机：一度停车，机务段信号楼，HXD_{3B}××××机车，司机×××，询问入库调车进路。

副司机（信号楼值班员）：HXD_{3B}××××机车×道调车信号好了，入库时间××点××分，入段信号。

司机：D×××白灯。

副司机：D×××白灯。

司机：电×××××次××点××分，×道调车信号好了，司机明白。

副司机：进入入库模式。

司机：进入好了。鸣笛动车，站立瞭望。

副司机：站立瞭望，道岔注意。

司机：道岔开通正确 。

副司机：道岔开通正确。脱轨器注意。

司机：红牌停车。

副司机：红牌停车。

副司机：转储监控数据，确认车次齐全，取下"6A"U 盘，对不良处所引记并提票修理。

司机：将总结一次乘务作业情况，对运行中发生的非正常情况，按规定填写"机调-18"，反映真实情况、协助分析。

副司机：机班全员到退勤调度员处退勤。

司机：提交司机报单、司机手册、交付揭示、施工明示图、录音笔及"6A"U 盘。

司机：电×××××次机班退勤。

副司机（退勤值班员）：接受指纹影像识别、酒精含量测试，测试合格。

司机：立正！敬礼！×××段司机×××。

副司机：副司机×××。

司机：模拟开车结束。

第八节　列车（机车）长度与换端标准

一、列车长度计算

全列车计算长度 $A=B+C+D$。

1. B:列车长度=换算长度×11+机车长度。

2. C:全列车钩伸张间隙=辆数×0.15。

3. D:尾部安全距离=站线。1 050 m 及以上为 20 m,1 050 m 以下为 10 m。

二、各机型机车长度

1. HXD_2 机车:换算长度 3.5,机车长度:38.5 m。

2. HXD_{3B} 机车:换算长度 2.1,机车长度:23.1 m。

3. HXN_3 机车:换算长度 2.0,机车长度:22.0 m。

4. HXN_5 机车:换算长度 2.1,机车长度:23.1 m。

5. DF_4 机车:换算长度 1.9,机车长度:20.9 m。

6. DF_5 机车:换算长度 1.7,机车长度:18.7 m。

三、换端程序

1. DF_{4D} 型内燃机车双人值乘

(1)准备进行换端作业前,司机须确认单阀置于全制位,自阀置于运转位,司机控制器主手柄零位,换向手柄零位,LKJ 进入调车(出入库)模式。司机呼唤:准备换端。副(班)司机移位至司机座椅后面呼唤:注意防溜。司机复诵:注意防溜。

(2)司机确认制动主管压力为定压 500 或 600 kPa,呼唤:制动管××kPa,然后将自阀手柄移至最大减压位,排风结束后移至手柄取出位。

(3)司机将单阀移至运转位取出。待制动缸压力停止变化后,机班确认制动缸压力不低于 140(170)kPa,司机呼唤:制动缸××kPa;副(班)司机呼唤:制动缸××kPa。

(4)司机携带单阀、换向手柄快速通过机械间到达另一端。司机离开座椅后,副(班)司机坐在司机座椅上监控制动缸压力和机车动态。发现制动缸压力下降或机车有溜逸迹象时,立即将自阀手柄推至紧急制动位、拉下紧急制动阀、按压紧急停车按钮,拧紧人力制动机[装有弹停制动装置时,副(班)司机将弹簧停车控制阀提起]。

(5)司机到达另一端司机室后,将单阀手柄移至全制位,闭合操纵台总控、燃油泵、辅助发电、空气压缩机扳键开关,插入换向手柄。鸣笛一短声通知副(班)司机换端。在副(班)司机到达操纵端前,司机须坐在司机座椅上监控制动缸压力和机车动态。

(6)副(班)司机鸣笛一短声回示后,断开辅助发电开关,确认充放电电流表电压无下降后,断开操纵台总控、燃油泵、空气压缩机开关。锁闭司机室门窗,关闭各用电设备,携带自阀换端。

(7)副(班)司机到达另一端司机室后,将自阀手柄交给司机,司机将自阀手柄置于手柄取出位。具备缓解条件后将自阀手柄移至运转位。

(8)正确转换 CIR 设备。

2. HXN_3 型内燃机车双人值乘

(1)准备进行换端作业前,司机须确认单阀置于全制位,自阀置于运转位,司机控制器主手柄惰转位,换向手柄零位,LKJ 进入调车(出入库)模式。司机呼唤:准备换端。副(班)司机移位至司机座椅后面呼唤:注意防溜。司机复诵:注意防溜。

(2)司机确认制动主管压力为定压 500 kPa 或 600 kPa,呼唤:制动管××kPa,然后将自阀手柄移至重联位,插上定位销(确认定位销止挡密贴阀体)。

(3)司机将单阀移至运转位。机班确认制动缸压力不低于 400 kPa,司机呼唤:制动缸××kPa;副(班)司机呼唤:制动缸××kPa。

(4)司机将换向手柄取出,确认 FIRE 显示屏主屏的"风控开关"指示灯点亮。携带换向手柄快速通过机械间到达另一端。司机离开座椅后,副(班)司机坐在司机座椅上监控制动缸压力和机车动态。发现制动缸压力下降或机车有溜逸迹象时,立即将自阀定位销取出手柄移至紧急位、拉下紧急制动阀手柄、按压紧急停车按钮,进入机械间扳动停放制动手柄施加停放制动。

(5)司机到达另一端司机室后,将单阀手柄移至全制位,插入换向手柄,确认 FIRE 显示屏主屏的"风控开关"指示灯熄灭。鸣笛一短声通知副(班)司机换端。在副(班)司机到达操纵端前,司机须坐在司机座椅上监控制动缸压力和机车动态。

(6)副(班)司机鸣笛一短声回示后,锁闭司机室门窗,关闭各用电设备换端。

(7)副(班)司机到达另一端司机室后,司机正确转换 CIR 设备。具备缓解条件时将自阀手柄移至运转位。

3. HXN_3 型内燃机车单人值乘

(1)准备进行换端作业前,司机须确认单阀置于全制位,自阀置于运转位,司机控制器主手柄惰转位,换向手柄零位,LKJ 进入调车(出入库)模式。呼唤:准备换端,注意防溜。

(2)司机确认制动主管压力为定压 500 kPa 或 600 kPa,呼唤:制动管××kPa,然后将自阀手柄移至重联位,插上定位销(确认定位销止挡密贴阀体)。

(3)司机将单阀移至运转位。确认制动缸压力不低于 400 kPa,呼唤:制动缸××kPa。

(4)锁闭司机室门窗,关闭各用电设备,将换向手柄取出,确认 FIRE 显示屏主屏的“风控开关”指示灯点亮。携带换向手柄快速通过机械间到达另一端。发现制动缸压力下降或机车有溜逸迹象时,司机在司机室内时立即将自阀定位销取出手柄推至紧急制动位、拉下紧急制动阀、按压紧急停车按钮;在机械间内时,根据具体位置可先采取扳动停放制动手柄施加停放的措施。

(5)到达另一端后,将单阀手柄移至全制位,插入换向手柄,确认 FIRE 显示屏主屏的“风控开关”指示灯熄灭。正确转换 CIR 设备。具备缓解条件时将自阀手柄移至运转位。

4. HXN5 型内燃机车(单端司机室)双人值乘

(1)准备进行换端作业前,司机须确认单阀置于全制位,自阀置于运转位,司机控制器主手柄惰转位,换向手柄中立位,断开主发电机磁场(主发励磁)、电阻制动断路器,LKJ 进入调车(出入库)模式。司机呼唤:准备换端。副(班)司机移位至司机座椅后面呼唤:注意防溜。司机复诵:注意防溜。

(2)司机确认制动主管压力为定压 500 kPa 或 600 kPa,呼唤:制动管××kPa,然后将自阀手柄移至重联位,插上定位销(确认定位销止挡密贴阀体)。

(3)司机将单阀移至运转位。机班确认制动缸压力不低于 400 kPa,司机呼唤:制动缸××kPa;副(班)司机呼唤:制动缸××kPa。

(4)司机将换向手柄取出,携带换向手柄,亲自将柴油机控制面板上的“操纵台选择开关”置于将要选择的操纵台后,快速到达另一操纵台。司机离开座椅后,副(班)司机坐在司机座椅上监控制动缸压力和机车动态。发现制动缸压力下降或机车有溜逸迹象时,立即将自阀定位销取出手柄移至紧急位、拉下紧急制动阀手柄或实施停放制动。

(5)司机到达另一操纵台后,将单阀手柄移至全制位,插入换向手柄,闭合主发电机磁场(主发励磁)、电阻制动断路器。

(6)正确转换 CIR 设备。具备缓解条件时将自阀手柄移至运转位。

5. HXN5 型内燃机车(单端司机室)单人值乘

(1)准备进行换端作业前,司机须确认单阀置于全制位,自阀置于运转位,司机控制器主手柄惰转位,换向手柄中立位,断开主发电机磁场(主发励磁)、电阻制动断路器,LKJ 进入调车(出入库)模式。呼唤:准备换端,注意防溜。

(2)司机确认制动主管压力为定压 500 kPa 或 600 kPa,呼唤:制动管××kPa,然后将自阀手柄移至重联位，插上定位销（确认定位销止挡密贴阀体）。

(3)司机将单阀移至运转位。确认制动缸压力不低于400 kPa，呼唤：制动缸××kPa。

(4)司机将换向手柄取出，携带换向手柄，将柴油机控制面板上的"操纵台选择开关"置于将要选择的操纵台后，快速到达另一操纵台。换端过程中司机发现制动缸压力下降或机车有溜逸迹象时，立即将自阀定位销取出手柄移至紧急位、拉下紧急制动阀手柄或实施停放制动。

(5)司机到达另一操纵台后，将单阀手柄移至全制位，插入换向手柄，闭合主发电机磁场（主发励磁）、电阻制动断路器。

(6)正确转换CIR设备。具备缓解条件时将自阀手柄移至运转位。

6. HXN5型内燃机车（双端司机室）双人值乘

(1)准备进行换端作业前，司机须确认单阀置于全制位，自阀置于运转位，司机控制器主手柄惰转位，换向手柄中立位，断开主发电机磁场（主发励磁）、电阻制动断路器，LKJ进入调车（出入库）模式。司机呼唤：准备换端。副（班）司机移位至司机座椅后面呼唤：注意防溜。司机复诵：注意防溜。

(2)司机确认制动主管压力为定压500 kPa或600 kPa，呼唤：制动管××kPa，然后将自阀手柄移至重联位，插上定位销（确认定位销止挡密贴阀体）。

(3)司机将单阀移至运转位。机班确认制动缸压力不低于400 kPa，司机呼唤：制动缸××kPa；副（班）司机呼唤：制动缸××kPa。

(4)司机将换向手柄取出，携带换向手柄快速到达另一操纵端，换端过程中亲自将柴油机控制面板上的"操纵台选择开关"置于将要选择的操纵台。司机离开座椅后，副（班）司机坐在司机座椅上监控制动缸压力和机车动态。发现制动缸压力下降或机车有溜逸迹象时，立即将自阀定位销取出手柄移至紧急位、拉下紧急制动阀手柄、按压紧急停车按钮，实施停放制动。

(5)司机到达另一端后，将单阀手柄移至全制位，插入换向手柄，闭合主发电机磁场（主发励磁）、电阻制动断路器。鸣笛一短声通知副（班）司机换端。在副（班）司机到达操纵端前，司机须坐在司机座椅上监控制动缸压力和机车动态。

(6)副（班）司机鸣笛一短声回示后，锁闭司机室门窗，关闭各用电设备换端（调车作业过程中换端时，另一端司机室门可在调车作业完毕后再锁闭）。

(7)副（班）司机到达另一端司机室后，正确转换CIR设备。具备缓解条件时将自阀手柄移至运转位。

7. HXN5 型内燃机车(双端司机室)单人值乘

(1)准备进行换端作业前,司机须确认单阀置于全制位,自阀置于运转位,司机控制器主手柄惰转位,换向手柄中立位,断开主发电机磁场(主发励磁)、电阻制动断路器,LKJ 进入调车(出入库)模式。司机呼唤:准备换端,注意防溜。

(2)司机确认制动主管压力为定压 500 kPa 或 600 kPa,呼唤:制动管××kPa,然后将自阀手柄移至重联位,插上定位销(确认定位销止挡密贴阀体)。

(3)司机将单阀移至运转位。确认制动缸压力不低于 400 kPa,呼唤:制动缸××kPa。

(4)司机锁闭司机室门窗(调车作业过程中换端时,另一端司机室门可在调车作业完毕后再锁闭),关闭各用电设备,将换向手柄取出,携带换向手柄快速到达另一操纵端,换端过程中将柴油机控制面板上的“操纵台选择开关”置于将要选择的操纵台。发现制动缸压力下降或机车有溜逸迹象时,根据现场情况选择将自阀定位销取出手柄移至紧急位、拉下紧急制动阀手柄、按压紧急停车按钮,实施停放制动。

(5)司机到达另一端后,将单阀手柄移至全制位,插入换向手柄,闭合主发电机磁场(主发励磁)、电阻制动断路器。

(6)正确转换 CIR 设备。具备缓解条件时将自阀手柄移至运转位。

8. HXD3B 型电力机车双人值乘

(1)准备进行换端作业前,司机须确认单阀置于全制位,自阀置于运转位,司机控制器主手柄零位,换向手柄零位,LKJ 进入调车(出入库)模式。司机呼唤:准备换端。副(班)司机移位至司机座椅后面呼唤:注意防溜。司机复诵:注意防溜。

(2)司机确认制动主管压力为定压 500 kPa 或 600 kPa,呼唤:制动管××kPa,然后将自阀手柄移至重联位,插上定位销(确认定位销止挡密贴阀体)。

(3)司机断开压缩机开关,断开主断路器,降下受电弓,取出换向手柄。

(4)司机将单阀移至运转位。机班确认制动缸压力不低于 400 kPa,司机呼唤:制动缸××kPa;副(班)司机呼唤:制动缸××kPa。取出电钥匙。

(5)司机携带电钥匙、换向手柄快速通过机械间到达另一端。司机离开座椅后,副(班)司机坐在司机座椅上监控制动缸压力和机车动态。发现制动缸压力下降或机车有溜逸迹象时,立即按压紧急停车按钮、将自阀定位销取出手柄移至紧急位、拉下紧急制动阀手柄。

(6)司机到达另一端司机室后,将单阀手柄移至全制位,插入换向手柄,闭合电钥匙。鸣笛一短声通知副(班)司机换端。在副(班)司机到达操纵端前,司机须坐在司机座椅上监控制动缸压力和机车动态。

(7)副(班)司机鸣笛一短声回示后,锁闭司机室门窗,关闭各用电设备换端。

(8)副(班)司机到达另一端司机室后,机班确认(选择)受电弓,司机升起受电弓,闭合主断路器,闭合压缩机开关。具备缓解条件时将自阀手柄移至运转位。

9. HXD_{3B} 型电力机车单人值乘

(1)准备进行换端作业前,司机须确认单阀置于全制位,自阀置于运转位,司机控制器主手柄零位,换向手柄零位,LKJ 进入调车(出入库)模式。司机呼唤:准备换端,注意防溜。

(2)司机确认制动主管压力为定压 500 kPa 或 600 kPa,呼唤:制动管××kPa,然后将自阀手柄移至重联位,插上定位销(确认定位销止挡密贴阀体)。

(3)司机断开压缩机开关,断开主断路器,降下受电弓,取出换向手柄。

(4)司机将单阀移至运转位。确认制动缸压力不低于 400 kPa,呼唤:制动缸××kPa。取出电钥匙。

(5)司机锁闭司机室门窗,关闭各用电设备,携带电钥匙、换向手柄快速通过机械间到达另一端。发现制动缸压力下降或机车有溜逸迹象时,立即按压紧急停车按钮、将自阀定位销取出手柄移至紧急位、拉下紧急制动阀手柄。

(6)司机到达另一端司机室后,将单阀手柄移至全制位,插入换向手柄,闭合电钥匙。确认(选择)受电弓,升起受电弓,闭合主断路器,闭合压缩机开关。具备缓解条件时将自阀手柄移至运转位。

(7)正确转换 CIR 设备。

10. HXD_2 型电力机车双人值乘

(1)准备进行换端作业前,司机须确认单阀置于全制位,自阀置于运转位,司机控制器主手柄零位,换向手柄零位,关闭 LKJ(电钥匙联锁时除外)。司机呼唤:准备换端。副(班)司机移位至司机座椅后面呼唤:注意防溜。司机复诵:注意防溜。

(2)司机断开压缩机开关,断开主断路器,降下受电弓,取出电钥匙和换向手柄。

(3)司机将单阀移至运转位。机班确认制动缸压力不低于 400 kPa,司机呼唤:制动缸××kPa;副(班)司机呼唤:制动缸××kPa。

(4)司机携带电钥匙、换向手柄快速通过机械间到达另一端。通过机械间时,司机须正确转换平均管切换塞门(JZ-8 制动机为重联塞门),断开非操纵节 CIR、货列尾主机电源,闭合操纵节 CIR、货列尾主机电源。司机离开座椅后,副(班)司机坐在司机座椅上监控制动缸压力和机车动态。发现制动缸压力下降或机车有溜逸迹象时，立即按压紧急停车按钮，将自阀手柄移至紧急位，拉下紧急制动阀手柄。

(5)司机到达另一端司机室后，将单阀手柄移至全制位，插入换向手柄，闭合电钥匙，闭合 LKJ 开关(钥匙联锁时除外)。鸣笛一短声通知副(班)司机换端。在副(班)司机到达操纵端前，司机须坐在司机座椅上监控制动缸压力和机车动态。

(6)副(班)司机鸣笛一短声回示后，锁闭司机室门窗，关闭各用电设备换端。进入机械间后，确认 CIR 和列尾主机电源开关位置正确、平均管塞门(重联塞门)转换正确。

(7)副(班)司机到达另一端司机室后，机班确认(选择)受电弓，司机升起受电弓，闭合主断路器，闭合压缩机开关。具备缓解条件时将自阀手柄移至运转位。

(8)正确转换 CIR 设备。

11. HXD_2 型电力机车单人值乘

(1)准备进行换端作业前，司机须确认单阀置于全制位，自阀置于运转位，司机控制器主手柄零位，换向手柄零位，关闭 LKJ(电钥匙联锁时除外)。呼唤：准备换端，注意防溜。

(2)司机断开压缩机开关，断开主断路器，降下受电弓，取出电钥匙和换向手柄。

(3)司机将单阀移至运转位。确认制动缸压力不低于 400 kPa，司机呼唤：制动缸××kPa。

(4)司机锁闭司机室门窗，关闭各用电设备，携带电钥匙、换向手柄快速通过机械间到达另一端。通过机械间时，须正确转换平均管切换塞门(JZ-8 制动机为重联塞门)，断开非操纵节 CIR、货列尾主机电源，闭合操纵节 CIR、货列尾主机电源。发现制动缸压力下降或机车有溜逸迹象时，立即进入司机室按压紧急停车按钮、将自阀手柄移至紧急位、拉下紧急制动阀手柄。

(5)司机到达另一端司机室后，将单阀手柄移至全制位，插入换向手柄，闭合电钥匙，闭合 LKJ 开关(钥匙联锁时除外)。确认(选择)受电弓，升起受电弓，闭合主断路器，闭合压缩机开关。具备缓解条件时将自阀手柄移至运转位。

(6)正确转换 CIR 设备。

12. 备注

(1)换端作业过程中，确认制动主管压力、制动缸压力时，必须确认机车制动系统压力表(遇制动系统压力表不显示机车制动主管或制动缸压力，机班确认机车制动缓解正常，判断为制动系统压力表故障时，如 LKJ 制动主管或制动缸压力显示正常，可通过LKJ确认制动主管或制动缸压力）。

(2)换端作业中取出单阀(HX型机车单阀运转位后)发现制动缸压力低于规定压力时，立即使用单阀全制动(HX型电力机车须闭合电钥匙；HX型内燃机车须插入换向手柄)重新按程序操作，仍异常时，向机务段应急指导部门咨询。

(3)机车连挂车列后，换端前因开放折角塞门造成机车产生紧急制动时，不需缓解自阀至定压后再进行换端操作。可不呼唤制动前的制动主管压力，直接将自阀移至规定位置进行换端作业。

(4)CCBⅡ型制动机及法维莱制动机，换端后具备缓解条件时，司机将自阀手柄移至抑制位停留1 s以上后再移至运转位。

(5)本务机车换端作业时按上述程序作业。机车办理重联或无动力后需要改变操纵端(台)操纵时，必须恢复运用状态后再进行换端作业。

复习思考题

1. 放置响墩有何规定？
2. 火炬使用方法与注意事项是什么？
3. 短路铜线使用时机与方法是什么？
4. 机车水系灭火器有效期是多少年？
5. 防毒面具、灭火毯的使用方法是什么？
6. 更换钩舌和风管各需要什么工具？
7. 车钩的主要技术要求有哪些？
8. 海参形复轨器使用时有什么注意事项？
9. 试述人字形复轨器使用方法。
10. HXD_{3B}型电力机车有动力重联如何办理？
11. HXD_2型电力机车无动力回送重联如何办理？
12. HXN_3型内燃机车无动力回送重联如何办理？
13. HXN_3型内燃机车放水方法有何规定？
14. HXN_5型内燃机车放水方法有何规定？
15. 单模列尾如何建立“一对一”关系？
16. 双模列尾如何进行断连操作？
17. HXD_{3B}型电力机车小复位如何操作？
18. HXD_2型电力机车大复位如何操作？

19. 需进行车辆关门时应如何操作?

20. 试述紧急放风阀使用时机。

21. 试述 HXD3B 电力机车/HXN3 型内燃机车紧急放风阀安放位置。

22. 列车长度如何计算?

23. 各机型机车长度是多少?

24. 试述 HXN3 型内燃机车双人值乘换端标准。

25. 试述 HXD3B 型电力机车双人值乘换端标准。

复习思考题答案

第一章

1. 试述有计划使用路票反方向运行操作方法。

答:列车运行至有计划使用路票反方向行车起始车站的出站信号机或发车进路信号机前,在停车状态下输入监控装置反方向运行区段号、车站号、原车速等级,进入降级状态,显示屏自动弹出“路票输入”窗口,提示司机确认调度命令编号,机车乘务员全员确认行车凭证无误后,在路票输入窗口处输入路票的电话记录号并确认,按压【解锁】+【确认】键解锁,起动列车运行,运行至规定对标点处按压【开车】键进入监控状态。

2. 产生自动降级的原因有哪些?

答:(1)监控装置关机 30 s 以上,再开机。

(2)监控数据终止后。

(3)连续 12 架区间信号机过机不校。

(4)速度信号故障降级。

(5)转出“20 km/h 限速模式”后。

3. 试述判断机车信号故障条件。

答:判断机车信号故障条件

(1)地面信号为进行信号,机车信号灭灯、多灯、乱变。

(2)站内地面信号为进行信号,机车信号为红黄灯。

(3)自动闭塞区段,地面信号为进行信号,机车信号连续两架不上码(固定不发码的信号机除外)。

(4)自动闭塞区间地面信号为进行信号,机车信号连续两架显示红黄灯。

(5)半自动闭塞区段,地面信号为进行信号,进站、出站信号机前机车信号连续两架不上码(机车信号固定不上码的车站或无码区段除外)。

4. 有计划的使用绿色许可证如何操作监控装置?

答:有计划的使用绿色许可证。在列车运行至使用绿色许可证发车站的进站信号机、出站信号机或接发车进路信号机前，运行速度低于 45 km/h 时，显示屏自动弹出“绿色许可证输入”窗口，提示司机输入“绿色许可证号”；若司机未输入，提示窗口消失后，持续按压【↑】键 2 s，显示屏显示“非正常行车确认”窗口，司机将光标移动到“绿色许可证”选项处，按压【确认】键，全员确认行车凭证正确后，输入“绿色许可证号”（输入范围 1～255，半自动闭塞区段，有计划使用《半自动闭塞发车进路通知书》时，按有计划绿色许可证办理，输入统一规定编号“1”）并确认，再次按压【确认】键，“绿色许可证输入”窗口消失。在出站信号机或发车进路信号机前，司机按压【解锁】+【确认】键，监控装置解除列车在该信号机前的停车控制，监控列车以不超过出站道岔的限速（最高不超过 45 km/h）越过出站信号机。有计划绿证输入监控装置降级状态下，有计划使用绿色许可证，“开车”灯点亮时，以与普通揭示相似方式在揭示窗口进行显示。速度低于 45 km/h 时，显示屏弹出“绿色许可证输入”窗口，司机按上述有计划绿色许可证的操作方法操作，解锁成功后，在规定的对标点处对标，监控列车以不超过出站道岔限速（最高不超过 45 km/h）越过出站信号机。

5. *试述速度通道切换方法及注意事项。*

答：操作方法：（1）按压【设定】键进入参数设定界面，再按压【4】键，进入“切换速度传感器”界面，使用【←】【→】光标键选择相应的备用通道 0、1、2，选定后按压【确认】键。

（2）机车运行中司机确认显示屏速度窗口无速度或速度波动时，使用【查询】+【2】键进入工况显示界面，速度通道从左至右为 0、1、2 通道，其中速度显示为绿色的为当前使用的速度通道，如果当前某一通道速度显示正常，须进行速度通道切换操作。进行人工速度通道切换操作后乘务员要进行引记。

注意事项：人工切换速度通道后，无速度通道自动切换功能。关机 30 s 以上再开机可恢复速度通道自动切换功能。

6. *发生常用制动后如何解锁？*

答：（1）恒速模式下发生常用制动时，实际速度低于固定模式限速值 5 km/h，监控装置语音提示“允许缓解”，司机手动按压【缓解】键缓解常用制动，监控装置语音提示“缓解成功”。

（2）减速模式下发生常用制动时，实际速度低于目标限速值，监控装置语音提示“允许缓解”，司机可以手动按压【缓解】键缓解常用制动，监控装置语音提示“缓解成功”，缓解后本分区不停车不恢复常用制动功能。

（3）停车模式下发生常用制动，必须停车后，司机方可手动按压【缓解】键缓解常用制动。

注：发生常用制动后缓解操作时，列车处于恒速模式区，实际速度低于固定模式限速值 5 km/h；列车处于减速模式区，实际速度低于目标限速值；列车处于停车模式区，必须停车后，司机方可手动按压【缓解】键缓解常用制动。

（4）监控装置发生紧急制动停车后自动缓解紧急制动；如同时发生常用制动和紧急制动，停车后，自动缓解常用制动和紧急制动；如监控装置只发生常用制动（未同时发生紧急制动），停车后，需要司机手动按压【缓解】键缓解常用制动。

7. 何谓相位防溜？

答：机车由停车状态移动，机车的方向手柄位置与轮对转动的方向不一致，速度≥3 km/h 或走行距离>10 m 时，产生循环“注意相位防溜”报警，司机 10 s 内周期按压【警惕】键解除报警，否则监控装置实施紧急制动，同时产生“相位防溜动作”语音提示。当机车速度>10 km/h 时，再次按压【警惕】键解除监控装置循环报警。

第二章

1. 试述 CIR 车次号注册与车次输入规范。

答：CIR 在 GSM-R 模式下必须进行车次号注册，在 450 MHz 模式下必须进行车次号设置。

在主界面下按 MMI【设置】键，进入设置界面。将光标移动至“1、车次功能号注册”并按【确认、签收】键。

（1）车站给机车乘务员提供的《列车编组通知单》上的车次号必须与阶段计划开行的车次号完全一致。

（2）车次号中不得含有汉字，只准许车次号前两位含有字母或数字，其他位置均须为数字，其格式为：××+数字。

（3）机车乘务员在 LKJ 输入车次时，如无法输入字母时只输入数字部分（或按规定输入），在 CIR 电台中输入 G 网注册的车次号要按《列车编组通知单》上的车次号完整输入。

（4）机车乘务员在车站接车后或出库挂头后必须按第 3 条要求分别在 LKJ 和 CIR 中输入正确车次。

（5）遇有 LKJ 输入车次号与 CIR 输入车次号无法一致时，操作 LKJ 开车对标后乘务员必须重新修改 CIR 的车次号（按车站给定的车次号修改）。

(6)在变更车次地点机车乘务员必须重新修改 CIR 的车次号,变化后的车次号由车站值班员(或胜任人员)通知机车乘务员(该车次号须与阶段计划的车次号一致)。

2. CIR 电台的应急故障处置有何规定?

答:(1)CIR 车载设备故障而 450 手持电台或 G 网手持台正常,运行中按操作端显示屏(MMI)的【复位】键 3 s 以上,对 CIR 整机进行重启复位。如重启后 CIR 设备仍故障时,司机应使用 GSM-R 或无线对讲设备与列车调度员(车站值班员)等行车人员联系办理行车通信业务。在前方停车站停车后关闭电源 3 min 后再进行重启处理。

(2)如 450 手持电台或 G 网手持台也不能进行通话,司机应在前方站停车报告。

(3)CIR 关机后再开机,如果不超过 1 h,开机后按关机前的状态进入 450 MHz 模式或 GSM-R 模式主界面;如果超过 1 h,开机后按 450 MHz 模式显示主界面。司机开机后应注意当前显示主界面的模式是否符合担当区段的使用模式。

3. 使用 LBJ 发出报警条件有何规定?

答:(1)首先要正确选择线路,在沈阳局管内除高铁、客专线路外其他既有线路定义为"沈局线路"。

(2)使用报警条件:

①列车遇到线路塌方、道床冲空等危及行车安全的突发情况时。

②列车被迫停车可能妨碍邻线时。

③列车在区间被迫停车不能继续运行需要防护时(机车故障常用制动停车时除外)。

④单机区停必须使用 LBJ 报警。单机区停是指自动闭塞区间单机运行紧急排风或使用紧急制动停车,或者停车时停在调谐区内。

5. 试述 GSM-R 呼叫使用方法。

答:(1)功能按键呼叫。

在主界面的最下端有八个按钮对应屏幕下方的八个按键,按下相应的按键分别可以呼叫"调度""前站""本站" "后站""车长""邻站组呼""站内组呼"。

(2)功能号呼叫。

①在 GSM-R 工作模式下,当 SIM 卡正确开户,本系统可以利用机车号功能号或车次号功能号进行呼叫,可以呼叫在网络覆盖范围内的所有已注册列车。

②在 GSM-R 工作模式主界面下按数字键输入要呼叫的车次号功能号,按【回

格】键可删除输错的数字或字母，按【退出】键，退出输入回到初始状态。正确输入要呼叫的车次号功能号，按【呼叫】键，发起呼叫，状态栏提示“正在呼叫×××……”，如果呼叫建立，则状态栏提示“↗×××”，摘机可直接通话。

③拨号规则：车次号功能号 2+车次号+功能代码；机车号功能号 3+机车号（代码）+功能代码。

如：呼叫车次号 D1204 司机输入 2D120401，呼叫车次号 5366 运转车长输入 2536686，呼叫机车号 CRH3-00051 司机输入 33030005101。

（3）ISDN 拨号呼叫

在 GSM-R 工作模式下，将 SIM 卡正确开户，本系统支持 GSM-R 拨号呼叫，可以呼叫 GSM-R 手机、固定电话及有相应功能的机车 CIR。在 GSM-R 工作模式主界面下直接按数字键可输入要呼叫的电话号码，按【回格】键可删除输错的数字或字母，按【退出】键，退出输入回到初始状态。正确输入要呼叫的电话号码，按【呼叫】键，发起呼叫，状态栏提示“正在呼叫×××××……”，如果呼叫建立，则状态栏提示“↗×××××”。

（4）个呼呼入

收到 GSM-R 个呼呼叫，如扬声器会发出“嘟……嘟……”重复振铃声，状态栏提示“××××××××（电话号码）呼入……”，或“××××次列车××××（功能号）呼入……”，摘机后，状态栏显示“↘××××××××（电话号码）”，“↘××××次列车××××（功能号）”，摘机后，按 PPT 可以通话。收到 GSM-R 组呼呼叫，如扬声器会发出“嘟……”声后自动接通，此时在扬声器里可听到通话声，状态栏提示“↘×××组呼”，摘机后，按 PTT 可以通话。

（5）多个电话呼入

GSM-R 工作模式下，如果同时有多个呼叫呼入时，自动接入优先级高的电话，其余电话处于守候状态，屏幕右下角会显示守候电话的数目，可利用【↑↓】键选择。再按【切换】键切换到所选电话，此时，其余电话处于守候状态，如果按【断】键则挂断当前电话，系统自动接入下一个优先级高的电话。

7. 试述 450M 模式使用方法。

答：（1）呼出

在 GSM-R 工作模式主界面，可进入功能设置界面，手动切换进入 450 MHz 工作模式主界面，再发起 450 MHz 呼叫。

（2）呼入

如果收到 450 MHz 呼叫，“接收”灯变为绿灯，扬声器会发出“对方呼叫”声，状态栏提示“××××(调度、隧道司机、隧道车站、平原司机、平原车站）呼入……”，如果呼叫建立则自动接通到扬声器，状态栏显示“↙××××”，如果摘机，则接通到听筒里，按 PTT 可以说话。

第三章

1. 列尾控制盒【复位】键如何使用？

答：按压【复位】键 3 s 以上，列尾机车台整机复位重启（包括列尾机车台主机和列尾控制盒）。复位滞后显示屏显示“未连接”，重新按压【查询】键即可。

2. 列尾控制盒【风压】键如何使用？

答：设检充点车站建立一对一关系时，按压【风压】键查询列尾风压，首次查询核对显示屏显示的列尾 ID 号与通知的 ID 号是否一致。执行列尾“八必查”，使用【风压】键查询列尾风压。

3. 双模列尾开机方法是什么？

答：打开列尾机车台主机电源开关，主机和列尾控制盒上电开机，列尾控制盒显示开机界面。列尾机车台配置双列尾控制盒。在“未连接”状态下，开机后两个列尾控制盒均进入副控状态，按下【Fn】键 3 s 后向列尾机车台主机申请主控权，申请成功后进入主控状态。一端进入主控状态，另一端自动进入副控状态。

4. 列尾故障情况下需要发车时怎么办？

答：(1) 通知车站，由车站人员组织进行简略试验。

(2) 有检充点的车：简略试验后开车，开车后继续查询，仍查询不到风压时报告车站，由调度员发布“列尾故障调度命令”。

(3) 无检充点的车站：必须有“列尾故障调度命令”并进行简略试验后开车，开车后继续查询，如查询正常，报告车站，由列车调度员取消“列尾故障调度命令”。

第四章

1. 非对口换乘时如何操作运统-1？

答：接班司机点击“接收”按钮，确认车站、车次等信息接收运统-1，核对相关信息无误后进行点击“签认”按钮进行运统-1 签认（同始发作业操作方法一样）。

2. 对口换乘时如何操作运统-1？

答：列车到达后，交班司机点击“交接”按钮，确认车站（车站定位信息无法自动识别或者识别不准确时，需要手工输入），点击“生成”交接二维码。

接班司机点击“交接”按钮，扫描交班司机生成的交接二维码获取运统-1相关信息，核对无误点击“签认”按钮进行签认。

3. 操作运统-1注意事项有哪些？

答：(1)严禁开启操作终端（手机）的WLAN(WIFI)功能。

(2)接收运统-1数据时，必须确认车站、车次、股道正确后，方可进行接收。

(3)对口交接时，交班乘务员操作系统生成的二维码有效时间只有5 min。

(4)“军用列车”采用纸质运统-1交递方式办理。

(5)退勤作业场景中“到达车站”为终到车站。

第五章

1. 超温报警时如何处理？

答：立即停车（停车位置应避开隧道、桥梁、分相区等不利于救援的地点），注意停车时尽量不使用大减压量或紧急制动。停车后使用点温工具确认报警轴位温度，并配合故障应急指导人员检查机车，执行处置方案。

2. 轴承、齿轮、踏面振动一级报警时如何处理？

答：立即进行后部瞭望，若无异常状况，继续运行；若出现烟雾异声、异味等异状，立即停车检查处置（停车位置应避开隧道、桥梁、分相区等不利于救援的地点），注意停车时尽量不使用大减压量或紧急制动。停车后使用点温工具确认报警轴位温度，并配合故障应急指导人员检查机车，执行处置方案。

第六章

司机上车后如何操作6A系统？

答：(1)司机上车后，将6A系统上电。

(2)司机台左侧的音视频显示终端会启动，并进入6A系统界面。

(3)用手指先点击一下屏幕，会在屏幕的下方显示操作界面按钮。此时可选择下列任意项操作：

点击【监控数据】—【制动】按钮，显示速度值和风管压力值。

点击【监控数据】—【防火】按钮，显示传感器和火灾报警。

点击【监控数据】—【绝缘】按钮，检测时显示检测电压值。

点击【监控数据】—【列供】按钮，显示列供状态及电压电流值。

点击【监控数据】—【走行1】按钮,显示所有轴位的温度值。

点击【监控数据】—【走行2】按钮,显示速度、晃动和冲动值。

点击【监控数据】—【盹睡】按钮,显示摄像头启动位置。

点击【视频监控】显示各个通道的视频图像。

点击【故障记录】—【本次上电】,显示本次开电后发生的故障信息。

点击【故障记录】—【历史故障】,显示历史曾经发生的故障信息。

第七章

1. 放置响墩有何规定?

答:(1)已请求救援时,从救援列车开来方面(不明时,从列车前后两方面),距离列车不小于300 m处防护。

(2)一切电话中断后发出的列车(持有附件3通知书1的列车除外),应于停车后,立即从列车后方按线路最大速度等级规定的列车紧急制动距离位置处防护。

(3)对于邻线上妨碍行车地点,应从两方面按线路最大速度等级规定的列车紧急制动距离位置处防护,如确知列车开来方向时,仅对来车方面防护。

(4)列车分部运行,机车进入区间挂取遗留车辆时,应从车列前方距离不小于300 m处防护。

2. 火炬使用方法与注意事项是什么?

答:(1)放置火炬的规定

①火炬的燃烧时间一般为8 min左右,在这一段时间内,已进入区间的列车运行到被迫停车的列车附近时,即可看到火炬的火光,从而采取停车措施,也给司机等人下车察看是否妨碍邻线的工作留出时间。

②擦燃火炬时,不准对向面部。

(2)火炬使用时机

列车被迫停车可能妨碍邻线时,司机与车辆乘务员(随车机械师)分别在列车的头部和尾部附近邻线上点燃火炬。

3. 短路铜线使用时机与方法是什么?

答:(1)短路铜线使用时机

①自动闭塞区间,单机(包括双机、专列回送的机车)紧急制动停车后,立即在轨道电路调谐区外使用短路铜线可靠短接机车前方轨道电路。

②自动闭塞区间,单机(包括双机、专列回送的机车)停在调谐区内时,立即在

调谐区外使用短路铜线短接轨道电路。

③自动闭塞区间，列车被迫停车可能妨碍邻线时，对邻线来车方向短路轨道电路。

（2）短路铜线使用方法是什么？

将短路铜线两端的夹钳可靠夹在两根钢轨内侧下沿上；如钢轨上有锈迹，需将锈迹去除，确保导通良好。

注：严禁在调谐区内短接轨道电路。

4. 机车灭火器有效期是多少年？

答：（1）干粉灭火器出厂三年后进行维修，维修后每二年进行维修一次，十年后报废。机车水系灭火器出厂后每三年检测维修一次，六年后报废。

（2）干粉灭火器出厂后每年检测维修一次，八年后报废。

5. 防毒面具、灭火毯的使用方法是什么？

答：（1）防毒面具使用方法，先将面具盖住口鼻，然后将头带拉至头顶，用双手将下面的头带拉向颈后，再次调整头戴位置是否精密，调到最佳位置即可，保证面具紧贴脸鼻，密封完好。

（2）灭火毯使用方法，首先要把灭火毯用双手完全展开，迅速覆盖在火焰上面，然后观察火源情况，直到火焰完全熄灭为止。在发生火焰需要逃生的情况下，可以把灭火毯盖在身上。灭火毯在扑灭火焰过程中无破损现象，可重复多次使用。

6. 更换钩舌和风管各需要什么工具？

答：（1）更换钩舌使用工具：手锤、小撬棍、钢板尺、开口销。

（2）更换风管使用工具及材料：18 英寸管钳子、制动软管、胶带。

7. 车钩的主要技术要求有哪些？

答：（1）车钩开度：在闭锁位时，车钩开度为 110～130 mm；开启位时 220～250 mm。

（2）车钩距轨面高度：815～890 mm。

（3）两个车钩连挂后，其两个车钩中心线相差不得超过 75 mm。

（4）车钩在闭锁位时，钩舌锁铁往上的活动量为 5～15 mm。

（5）钩舌销与销孔径向间隙为 1～4 mm。

8. 海参形复轨器使用时有什么注意事项？

答：注意事项：海参型复轨器的有效复轨距离为 150 mm，脱轨距离较远时，须设法将车轮拉靠基本轨后,再安装复轨器进行拉复。

9. 试述人字型复轨器使用方法。

答:(1)该型复轨器与旧式人字型复轨器安装方式基本相同,仍沿用“左人、右入”的原则。安装前,先将复轨器尾部钩铁处轨枕下部的石碴清除一些,以保证复轨器尾部能钩住轨枕并便于安装穿销。

(2)安装时,复轨器承轨槽搭在钢轨上,尾部钩铁的上端平落在轨枕上,下端钩挂在轨枕侧面。复轨器安放平稳后,将两块L型楔铁分别穿入左右楔铁座与轨腰的间隙内,凸台朝外,安放平整,不得歪斜。然后用大锤左右交替地将两块楔铁打紧(严禁将一侧楔铁打紧后再打另一侧,以免受力不均造成楔铁座裂损)。

(3)将尾部穿销经穿销孔沿轨底穿过。至此复轨器安装完毕。

(4)用大锤轻击复轨器主体表面各部,检查复轨器安装是否牢固,各紧固件有无松动现象,在复轨器引导棱上涂润滑油。

(5)在脱轨车轮至复轨器尾部间应适当铺垫石碴,利于调整台车方向,防止轧坏轨枕,并减少拉复阻力。

注意事项:脱轨车轮超过基本轨240 mm以上时,应采用钢丝绳或逼轨器拉正台车,使车轮靠近基本轨后再安放复轨器起复。

10. HXD_{3B}型机车有动力重联如何办理?

答:(1)自动制动手柄放重联位,插上定位销,单独制动手柄放运转位。

(2)在微机显示屏上将重联机车列车管进行切除。在操纵端电钥匙闭合状态下,在微机显示屏上依次点击“空气制动系统”—“制动设置”,进入“制动设置”界面。点击【切除】软开关后,【切除】软开关变成黄色,表明切除状态已选定,再点击【储存】软开关进行保存,保存完毕后,【储存】软开关消失。

注:设置完成后,必须点击【储存】软开关,否则新设置不执行。

(3)确认新设置显示为:“F600 kPa”“本机”“切除”“不补风”,点击微机显示屏左上角机车样式图标退出制动设置界面,回到操作主界面,防止因误碰改变制动设置。

(4)连接列车管,缓慢开放折角塞门。本务机车进行制动与缓解操作,确认重联机车与本务机车制动、缓解状态一致。

注:本务机车缓解状态下,必须确认12个单元制动器均在缓解状态,尤其需确认1、3轮右侧和4、6轮左侧4个单元制动器(带停放装置)。

11. HXD_2型机车无动力回送重联如何办理?

答:无动力回送重联办理方法

(1)两端司机室单独制动手柄推至全制位,自动制动手柄推至运转位。

(2)先断机车电钥匙,然后进行下电操作(按压“蓄电池切除”按钮),再断两节车蓄电池断路器 DJ-BA。

(3)将两端制动柜无动力塞门放置从控位,重联塞门放置切除位。

(4)两端制动柜平均管塞门均放置主控位。

(5)两端制动柜停放制动隔离塞门均放置隔离位。

(6)连接列车管,缓慢开放折角塞门,等待列车管压力升至定压。确认停放制动指示器为红色,常用制动指示器为绿色。

(7)将机车 8 个停放制动(1、3、5、7 轴在左侧,2、4、6、8 轴在右侧)手动缓解手柄往回拉到最大位置,听到明显的“咔哒”机械动作声后,保持 3 s 松开,确认该轴闸瓦缓解良好。

(8)本务机车进行制动与缓解操作,并确认无动力机车与本务机车制动、缓解状态一致,闸瓦间隙符合要求 8~10 mm。

12. HXN3 型机车无动力回送重联如何办理?

答:(1)将前、后司机室自动制动阀手柄置于重联位插上定位销、单独制动阀运转位。

(2)断开操纵台、电器柜所有断路器,拉下蓄电池闸刀。

(3)检查停放塞门手柄置于顺向缓解位(手柄应与地面垂直状态)。

(4)将 EPCU 箱模块上的无动力塞门打至无动力位。

(5)打开 EPCU 箱体左侧下部无动力回送塞门。

(6)打开第二总风缸排水阀放到 250~300 kPa 以下。

(7)打开机车前、后端制动缸平均管塞门。

(8)连接列车管后缓慢开启列车管折角塞门,待列车管升至定压,确认无动力机车 2、5 轮是否缓解,如处于制动状态应手动缓解。进行制动机试验,检查无动力机车制动、缓解状态。

13. HXN3 型机车放水方法有何规定?

答:(1)打开手动排水阀,在柴油机自由端下部。

(2)打开减压阀,在水箱上部。

(3)拆开中冷器放水软管上部接头,在柴油机自由端中冷器出水管下方。

(4)拆下中冷器连接丝堵(在 4~5 缸和 12~13 缸处,共 4 个),在柴油机侧面前后中冷器连接处。

(5)拆下中冷器放水堵(在8缸和16缸处,共2个),在柴油机输出端中冷器端盖下方。

(6)拆下中冷水泵放水堵,在柴油机自由端中冷水泵下方。

(7)打开燃油预热器低端进水管端盖。

14. HXN_5型机车放水方法有何规定?

(1)打开手动放水阀,在柴油机自由端水泵下方。

(2)打开水表放气阀,在水箱上方。

(3)拆下上水口防尘堵,在机车下部,并将防尘堵用铁丝挂在机车风管上。

(4)安装GD风泵的机车,打开辅助放水阀,在风泵间左侧风泵左后方。

15. 单模列尾如何建立“一对一”关系?

答:(1)司机得到车站列尾主机安装完毕的通知,按其【风压】键,听到回示语音:“×机车(8位机车号码),风压×××(kPa)”,以及看到列尾控制盒列尾主机ID号码和“已连接”显示正确后,即完成“一对一”关系建立。

(2)司机听到列尾主机发送“×号(6位列尾主机号码)等待确认的提示语音时,核对列尾控制盒“列尾ID”栏闪烁显示的列尾主机号码无误,并确认列尾控制盒“工作状态”栏在“未连接”的状态下,按其【确认】键,即完成“一对一”关系建立。

16. 双模列尾如何进行断连操作?

答:需断连操作时,首先按压【断连】键,5 s内再按压【确认】键(此组合操作需在5 s内完成)。断连成功后,列尾控制盒语音提示“断连成功”,列尾指令区显示“断连成功”,列尾状态显示“未连接”。

17. HXD_{3B}型机车小复位如何操作?

答:停车、断电、降弓拔电钥匙1 min以上(不用关闭记录器、不停车断电钥匙会惩罚制动)。

18. HXD_2型机车大复位如何操作?

答:停车,手柄回零、断主断,降弓,断电钥匙;按压蓄电池切除按钮(下电),断开蓄电池断路器3 min以上。

19. 需进行车辆关门时应如何操作?

答:截断塞门手把与制动支管平行时为开通状态,与制动支管垂直时为关闭状态。车辆故障须关闭截断塞门时,操作程序为

(1)扳动截断塞门手把,将手把由平行位置变为垂直位置。

(2)拉动缓解阀拉杆,排净制动缸、副风缸压力空气。

(3)使用铁线,一端捆绑在缓解阀拉杆三角接头处,一端捆绑在缓解阀拉杆吊座上,并拉紧,使缓解阀处于排风状态。

(4)确认制动缸活塞,要完全缩回。

20. 紧急放风阀使用时机是什么?

答:(1)列车运行中遇机车制动机发生故障(制动主管不减压),无法控制列车运行速度时。

(2)列车运行中遇到紧急情况,学习司机来不及通知司机时。

21. 试述 HXD_{3B}/HXN_3 型机车紧急放风阀安放位置。

答:(1)HXD_{3B} 型机车紧急放风阀在司机室左侧后墙上。

(2)HXN_3 型机车紧急放风阀在司机室司机侧后墙上。

22. 列车长度如何计算?

答:全列车计算长度 $A=B+C+D$。

B:列车长度=换算长度×11+机车长度。

C:全列车钩伸张间隙=辆数×0.15。

D:尾部安全距离,站线 1 050 m 及以上为 20 m;站线 1 050 m 以下为 10 m。

23. 各机型机车长度是多少?

答:(1)HXD_2 型机车: 换算长度 3.5,机车长度:38.5 m。

(2)HXD_{3B} 型机车:换算长度 2.1,机车长度:23.1 m。

(3)HXN_3 型机车:换算长度 2.0,机车长度:22.0 m。

(4)HXN_5 型机车:换算长度 2.1,机车长度:23.1 m。

(5)DF4 型机车:换算长度 1.9,机车长度:20.9 m。

(6)DF5 型机车:换算长度 1.7,机车长度:18.7 m。

24. 试述 HXN_3 型机车双人值乘换端标准。

答:(1)准备进行换端作业前,司机须确认单独制动阀置于全制位,自动制动阀置于运转位,司机控制器主手柄惰转位,换向手柄零位,LKJ 进入调车(出入库)模式。司机呼唤:准备换端。副(班)司机移位至司机座椅后面呼唤:"注意防溜"。司机复诵:"注意防溜"。

(2)司机确认制动主管压力为定压 500 或 600 kPa,呼唤:制动管××kPa,然后将自动制动阀手柄移至重联位，插上定位销（确认定位销止挡密贴阀体）。

（3）司机将单独制动阀移至运转位。机班确认制动缸压力不低于 400 kPa，司机呼唤：制动缸××kPa；副（班）司机呼唤：制动缸××kPa。

（4）司机将换向手柄取出，确认 FIRE 显示屏主屏的“风控开关”指示灯点亮。携带换向手柄快速通过机械间到达另一端。司机离开座椅后，副（班）司机坐在司机座椅上监控制动缸压力和机车动态。发现制动缸压力下降或机车有溜逸迹象时，立即将自动制动阀定位销取出，手柄移至紧急位、拉下紧急制动阀手柄、按压紧急停车按钮，进入机械间扳动停放制动手柄施加停放制动。

（5）司机到达另一端司机室后，将单独制动阀手柄移至全制位，插入换向手柄，确认 FIRE 显示屏主屏的“风控开关”指示灯熄灭。鸣笛一短声通知副（班）司机换端。在副（班）司机到达操纵端前，司机须坐在司机座椅上监控制动缸压力和机车动态。

（6）副（班）司机鸣笛一短声回示后，锁闭司机室门窗，关闭各用电设备换端。

（7）副（班）司机到达另一端司机室后，司机正确转换 CIR 设备。具备缓解条件时将自动制动阀手柄移至运转位。

25. 试述 HXD_{3B} 型机车双人值乘换端标准。

答：（1）准备进行换端作业前，司机须确认单独制动阀置于全制位，自动制动阀置于运转位，司机控制器主手柄零位，换向手柄零位，LKJ 进入调车（出入库）模式。司机呼唤：准备换端。副（班）司机移位至司机座椅后面呼唤：注意防溜。司机复诵：注意防溜。

（2）司机确认制动主管压力为定压 500 或 600 kPa，呼唤：制动管××kPa，然后将自动制动阀手柄移至重联位，插上定位销（确认定位销止挡密贴阀体）。

（3）司机断开压缩机开关，断开主断路器，降下受电弓，取出换向手柄。

（4）司机将单独制动阀移至运转位。机班确认制动缸压力不低于 400 kPa，司机呼唤：制动缸××kPa；副（班）司机呼唤：制动缸××kPa。取出电钥匙。

（5）司机携带电钥匙、换向手柄快速通过机械间到达另一端。司机离开座椅后，副（班）司机坐在司机座椅上监控制动缸压力和机车动态。发现制动缸压力下降或机车有溜逸迹象时，立即按压紧急停车按钮、将自动制动阀定位销取出手柄移至紧急位、拉下紧急制动阀手柄。

（6）司机到达另一端司机室后，将单独制动阀手柄移至全制位，插入换向手柄，闭合电钥匙。鸣笛一短声通知副（班）司机换端。在副（班）司机到达操纵端前，司机须坐在司机座椅上监控制动缸压力和机车动态。

(7)副(班)司机鸣笛一短声回示后,锁闭司机室门窗,关闭各用电设备换端。

(8)副(班)司机到达另一端司机室后,机班确认(选择)受电弓,司机升起受电弓,闭合主断路器,闭合压缩机开关。具备缓解条件时将自动制动阀手柄移至运转位。